トニー・マラーノ
テキサス親父

室谷克実

没落する反日国家の正体

中韓同盟につける薬なし

ビジネス社

## はじめに

室谷克実

本書の対談では、安倍晋三首相が米国の上下両院会議で演説し、中南米歴訪から戻った朴槿恵・韓国大統領が胃痙攣で病床に伏したあたりまでを扱った。

日米関係がグレードアップされ、韓国の「安倍演説阻止」の目論見は失敗した。ならば韓国は、歴史を武器にした反日行動をやめるのか。いや、「恨み一千年」の国である。すぐに「反日の誓い」を新たにして、次なるジャパン・ディスカウント（材料は何でもいいから、日本を国際社会で貶める運動）を始めるだろうと、私は対談の中で予想を述べた。

対談の最終ゲラをチェックしている時に伝えられたのが、日本の明治時代の産業施設を世界文化遺産に登録する動きに対して、朴槿恵大統領自らがユネスコ事務局長に「反対」意思を表明したとのニュースだった。

元首である大統領まで "参戦" した。韓国としては「元首を先頭に立てた総力戦」

ということだ。これに負けたら、朴槿恵政権の威信は、さらに落ち込んでしまう。勝ったら、日本の嫌韓は一層高まる。

どちらになろうと、韓国によい結果はもたらされない。それなのに大統領が反日の先頭に出てくる。彼らには、どんな戦略計算に基づき動いているのか。

極言すれば、彼らにはジャパン・ディスカウントしかない。それは、彼ら自身が捏造した歴史に、彼ら自身が嵌まり込むことで、彼らにとっては「絶対に妥協してはならない正しい戦い」になっているのだ。

その中核的捏造史が「従軍慰安婦」だ。小賢しく「性奴隷」と言い換えることで、彼らは一時的に「対日情報（心理）戦争」に勝利した。オバマ米大統領が韓国の主張に同調した時期だ。

韓国人は米国を「対日情報（心理）戦争」の主戦場を見定めている。米国の世論を掴めば、世界中がそれに靡くと読んでいるからだ。

その読み自体は正しいと思う。しかし、デマ宣伝だけでは、最後は勝てない。『朝日新聞』が〝対日打撃〟を目論んだ記事を取り消さざるをえなかったことは、大きなターニングポイントだった。そうした中で、わが「テキサス親父」が、米軍資料

4

## はじめに

の中にあった「慰安婦」の実態報告を、世に向けてアップした功績は極めて大きい。その子細は対談の中にあるが、ポイントは従軍慰安婦を発見した米軍が調査の結果、彼女たちを「奴隷」として「解放」したのではなく、"随軍売春婦"として「拘束」したことだ。

こうした資料を、米国人が世界に向けて情報アップしてくれたことに、私たちは感謝するとともに、日本人の行動力不足に恥じ入らねばならない。

そうしたさまざまなレベルの動きが総体的に作用して、米行政府の東アジア専門家たちは「日韓歴史戦争」に関する固定的な見方から、ようやく解放されつつあるようだ。

しかし、韓国は依然として、毒汁のような捏造史観にドップリと漬かったままだ。そこに、さらに毒を注入しようとする勢力が、日本にも中国にもいる。

国際情報心理戦争は続く。それでも、最後は「検証された事実」に基づく正義が勝つ。この対談で、テキサス親父と私が述べたかったのは、そういうことだ。

親父との対談の度に、通訳をお願いしたテキサス親父日本事務局の藤木俊一氏に、心から感謝する。

# 没落する反日国家の正体 中韓同盟につける薬なし

　目　次

まえがき……3

## 第1章 恐るべし！韓国人がアメリカで仕掛ける「反日プロパガンダ」

反日に凝り固まった韓国のトンデモ理論 16

韓国の反日活動を支援する中国 19

「恨み千年」韓国の日本叩きは止まらない 22

ここはアメリカだ！ なぜ、従軍慰安婦像なんて建てるんだ!? 25

少女像に紙袋をかぶせて記念撮影。抗議の殺人予告が200通 27

グレンデールの碑文には「私は日本軍の性奴隷でした」 30

「日本人はとても悪いことをした」という記憶だけが残る 35

反日プロパガンダを放置。日本政府は手ぬるすぎる 37
日本や日本人に対して「病的なまでの嫌悪感」を抱いている 39
「小中華」の韓国から見れば、日本は野蛮な後進国 40
韓国人は米国内も序列化して見る 42
ウリナラ自慢が減ったら、海外での日本批判が増えた 45
なぜ、アメリカで反日プロパガンダをやりたがるのか 47
韓国お得意の「告げ口外交」 49
米軍は1944年に朝鮮人慰安婦20名を尋問していた 51
結論は出た。朝鮮人慰安婦たちは、性奴隷ではなく売春婦だ 53
彼女たちは、日本兵とスポーツやピクニックにも 56
少女像の石碑に書いてあるのは悪意に満ちた大ウソだ 59
韓国はいまも「売春大国」 60
高給取りだから、ダイヤモンドを買った慰安婦もいた 62
「慰安婦＝性奴隷」がワン・パッケージの宣伝作戦 64
退役軍人記念園で、アメリカ軍人の栄誉を汚している 67

# 第2章 わかった！日本人が知らないアメリカ事情

数年前からアメリカを対日情報戦の「戦場」と見定めた 72

日本人は、もっと自信をもつべきだ 75

日本人の存在感のほうが、はるかに大きい 77

グレンデール市は、韓国系住民が多いわけではない 82

韓国系は、目標ができるとガッチリ一つに固まる 84

フラートン市では、議決されたとガセネタが流れた 86

市長には韓国にきてもらって接待攻勢？ 87

アメリカの「コリア・タウン」はこうなっている 89

韓国系の活動を、中国系が側面や背後からサポートしている 94

中国系もサンフランシスコで「慰安婦＝性奴隷」像の設置計画を始動 96

ロビイストによるロビー活動が制度化されているアメリカ 98
日本のロビー活動は、消極的、受動的でおとなしい 100
精神や文化に根づく消極姿勢だから、容易には変わらない 101
民主党のマイク・ホンダ下院議員の影響力は? 103
朝日新聞「慰安婦報道」検証は、アメリカ社会には届いていない 105
朝日新聞は誤報の影響が消滅するまで訂正広告を出せ 108
戦争を煽った日本の新聞は、プレスコードで姿勢を一変させた 110
アメリカの新聞に反日記事を書く人たち 112
韓国系市民への政治家の迎合を危ぶむ声も 114
不法移民からも票を「おもらい」したい米・民主党 116
民主党が多数派を占める州は経済がよくない 118
アメリカを乗っ取るとすれば、ヒスパニック系? 121

# 第3章 これが韓国だ！ この隣人とどう付き合っていくべきか

セウォル号沈没事件そのものが、まさに韓国だ 126

何から何までルール違反。乗組員たちはわれ先に脱出 128

海洋警察はウソばかり。捜索作業員が8名死亡という杜撰 131

被害者は、どんなわがまま放題も許される 133

「恨」こそが朝鮮民族の思考や文化をつくってきた 135

セウォル号事件のあとも、安全軽視の事件や事故が頻発 138

大統領の密会問題は「怪文書のお話」に 141

韓国人の国民性は①パリパリ、②ケンチャナヨ、③声闘文化の三つ 144

韓国軍の士気が衰え、ひどいことになっている 146

地位が上の責任者ほど先に逃げ出す「先逃文化」 147

在韓米軍基地のPXは、年の暮れに決まって火事になった 150
朝鮮戦争当時、韓国政府は「特殊慰安隊」を創設 152
韓国兵の給料は激安だから〝従軍売春婦〟の待遇も悪い 153
無意識のうちに、自己を他者に「投影」している 155
ベトナム戦争で、韓国軍は現地女性を慰安婦にしていた 156
部隊鍋は、韓国駐留米軍の残飯でつくった大御馳走 158
在韓アメリカ人は、韓国が取っている「人質」？ 160
韓国＝前線基地、日本＝戦略的な根拠地の違い 162
親日派・朴正煕の娘は、中国に大接近 164
日中の関係改善、アメリカの対韓姿勢変化で、韓国が焦り始めた 166
安倍首相の米議会演説も韓国には大打撃 167
シーシェパードが「捕鯨国」韓国を攻撃しない理由 171
未来志向のアメリカ、過去にこだわる中韓 173
伝統や文化を破壊するリベラリズムを食い止めろ 174

近年の日中韓外交史 178

## 第1章 恐るべし！韓国人がアメリカで仕掛ける「反日プロパガンダ」

## 反日に凝り固まった韓国のトンデモ理論

トニー　ハロー。またお会いできて、とてもうれしく思います。

室谷　こんにちは。私こそ、うれしい。トニーさん、お元気そうで何よりです。

トニー　アリガト（笑）。

室谷　トニー・マラーノさんとは、以前にスカイプ（映像付き電話）で対談したことが何度かありましたが、直接お目にかかるのは今日で2回目ですね。

早速ですが本題に。2015年4月、日本の安倍晋三首相が米国を訪問して、上下両院合同会議で演説をしました。並行して行われた安保協議では、日米防衛協力の指針（ガイドライン）の改定が合意され、両国の同盟関係がグレードアップされました。

このことに関するアメリカ側の受け止めは、どんなものでしょうか。

トニー　共和党、民主党とも、とても快く思っています。理由は、それぞれに別なのですけれどね。共和党の場合は、保守党ですので、「自主独立」が基本ですから同盟国の日本が強くなることは、歓迎なわけです。アジアの安定は、米国の国益に繋がりま

第1章　恐るべし！　韓国人がアメリカで仕掛ける「反日プロパガンダ」

すし、現在のオバマ政権での米国の弱体化を補う意味でも、とても歓迎されています。

一方、民主党の場合は、できる限り軍事費を抑えたいのと、「米国の軍備が、世界を不安定にしている」と考えています。だから、米国の軍事的弱体化は、オバマ民主党の方針でもありますので歓迎されています。

**室谷**　韓国は安倍首相の演説が行われないよう、熾烈な妨害工作を展開しました。韓国では国会開会中だったのに、国会議長が米国に腰を据えて、米国の議会関係者らに「安倍に演説をさせるな」と陳情してまわりました。

**トニー**　安倍首相が演説する日に韓国の教授がニューヨークタイムスに意見広告を出しました。「真珠湾攻撃」というタイトルで、「リメンバー・パールハーバー」という文字も入っていました。徐敬徳（ソギャンドク）という誠心女子大の教授が出したと聞いて、驚きました。大学の教授が、この程度の歴史も知らないのかとね。

**室谷**　徐敬徳という人は、あるときは教授と名乗り、あるときは客員教授と名乗っています。日本の大学でも韓国の大学でも「客員」が付くと、「その大学の図書館を自由に利用できる権利だけを与えられた人」であったりします。彼が誠心女子大の正式な教授なのかどうかは定かでありませんが、有名な反日活動屋であることは確かです。

17

**トニー** なるほど、そういう人物ですか。それにしても、1949年8月以前の朝鮮は日本が併合していたので、日本だったわけです。そして、この教授の祖父の代は日本人で、その戦争に日本軍として従軍していたわけですよ。「リメンバー・パールハーバー」の広告を米国人が出したのであれば、まったく意味がわからなくもないのですが、当時日本人だった人たちが一緒になって行った米国への攻撃を、その子孫が「思いだせ！」と言うのは、完全に狂っているとしか思えません。

アメリカ人が、日本で「広島・長崎の原爆を忘れるな！」と広告を出していると想像してください。いかにおかしなことかがわかりますね。そもそも、日本と死闘を繰り広げた米国が招待しているのに、旧日本国民が反対し、このような愚かな行動をとることは理解できないですね。

**室　谷** 上下両院合同会議という米国の最高の舞台で、日本の首相に演説させることは、米国が「戦犯国である日本」を許すことになるからいけない──というのが韓国人の論理です。

韓国人はおよそ1500年にわたって「事大主義」を信奉してきました。事大とは、大国に事（つか）えるという意味です。事大の対象は、昔は中国でしたが、いまは米中両国です。

第1章 恐るべし！ 韓国人がアメリカで仕掛ける「反日プロパガンダ」

事大主義の国は、事大大国から常に「良い子だ」と言われていないと安心できないのです。韓国が日本を許さないのは韓国の勝手ですが、事大大国である米国も安心して日本を許さないでほしいのです。米国が「日本を許していない」と明言すれば、安心して反日をできるのです。

韓国は演説を阻止できないとわかると「それならば植民地支配と従軍慰安婦問題に対する謝罪の言葉を入れろ」と要求しました。日本の首相が米国で行う演説に、なぜ韓国の要求を入れなくてはならないのか、普通の日本人には理解しがたい論理です。

## 韓国の反日活動を支援する中国

トニー　私は、韓国人たちの裏で煽動しているのは、中国共産党だと思っています。

日米の離反が、彼らの国是ですからね。そうすることにより、アジアでの覇権を狙う中国が、現在進めている近隣諸国からの土地や島、海の奪取を加速させられるからではないでしょうか。そこに韓国人たちが利用されているという図式だと考えています。

実際のデモ隊は、多くの中国の国旗である五星紅旗を掲げていたことからも、裏で

動いているのは、中国共産党だと考えています。慰安婦問題も、米国内で活発なロビー活動を韓国の裏で行っているのが、世界抗日戦争史実維護連合会（Global Alliance for Preserving the History of WW II in Asia）で、韓国は、目的は違えど、日本を攻撃するために完全に同盟を結んでいることがわかります。慰安婦問題の裏でも、この組織がさまざまな工作をしています。

**室谷** 通常、「在米韓国人」と一括りにして言われますが、この中には北朝鮮支持者が少なくないようです。彼らも反日活動には熱心らしい。彼らの本当の目的は「対韓工作」ですが、「反日」はとても都合のいい隠れ蓑です。

**トニー** 私も、機会があるごとに同じことを話したり書いたりしています。日本は台湾と韓国をほぼ同じ時期に統治していたわけですが、台湾から聞こえてくるほどの声は、日本に対する感謝で、韓国から聞こえてくるのは、恨み辛みばかり。ここまでくると、韓国人自身に大きな病巣があるとしか考えられません。それを中国が裏で操っている。

**室谷** 日本は台湾を植民地にしていましたが、朝鮮は併合でした。併合は当時の朝鮮の圧倒的多数の要請を受けた措置で、伊藤博文はそんなことをしたら金がかかりすぎ

第1章　恐るべし！　韓国人がアメリカで仕掛ける「反日プロパガンダ」

ると反対していたわけです。台湾統治にしても、欧米の植民地支配とはまったく違った。日本は朝鮮半島も台湾も収奪対象ではなく、金を本土から持ち出していないのです。いわゆる慰安婦は後で充分に話しますが、強制連行などしていない。彼女たちは裕福な売春婦だったのです。

しかし、韓国では戦後70年間、「日本は悪かった。悪いことはすべて日本のせいだ」という式の反日刷り込み教育をしてきました。それに合わせた捏造した歴史を教えてきました。

トニー　私がよく聞くところでは、1988年（ソウルオリンピックの年）以前は、現在のような過激な反日は行われておらず、比較的良好な関係が続いていたという声です。実際にそのあたりは、どうなのでしょうか？

室谷　80年代前半に韓国で行われた世論調査を見ると、日本統治を体験した世代は「反日」の度合が低いのです。日本統治を実際には知らない世代が強度の「反日」であり、高学歴者ほど強いという結果でした。

それから30年以上、日本統治を実際に知る人びとは、いまやほとんどいません。いたとしても社会的な発言力がありません。戦後の反日教育だけを受けてきた世代が、

21

いまの韓国を握っています。その反日教育の中核が、捏造した歴史というわけです。

**トニー** そういう歴史しか知らないとなると、彼らの怒りは、彼らなりに「本気」なのか。

**室谷** そうです。その立場から、米国に「悪い日本を許してはいけない」と迫った。ボクシングに例えると、韓国は「歴史」という必殺パンチを持っている。レフリー、ジャッジは米国人ですが、充分に買収したはずだ。だから絶対有利を確信してリングに昇ったら、対戦相手の日本に大振りパンチをスウェーバック（上体を後ろに反らしてパンチを空振りさせる）され、勝手にコケた。気が付いたらレフリーが日本の手を上げていた——ということでしょうか。だから憤懣やるかたなしです。

## 「恨み千年」韓国の日本叩きは止まらない

**トニー** 訪米前のバンドン会議では、日中首脳会談がありましたね。「反日共闘」をしているはずの中国が、知らぬ間に日本と……これも韓国にとっては大ショックだったのでは。ただ、首脳会談をしただけのことで騒ぎ立てる韓国は、本当にどうかしている。

第１章　恐るべし！　韓国人がアメリカで仕掛ける「反日プロパガンダ」

**室谷**　事大主義を基本にして、米中二つの大国の間をコウモリのように飛び回ってきた。ところが中国にも米国にも冷たくされてしまった。これが事大主義の韓国には大ショックなのです。

**トニー**　いくら争っている国家間でも、国のリーダー同士は、連絡を取り合うものです。朴槿恵大統領は、北朝鮮の独裁者からの連絡は受けても、民主主義陣営にいる安倍総理からの連絡は「歴史問題が解決していないから」との理由で受けないわけですね。安倍首相は、「扉はいつでも開いている」と言い、「条件無しの会談」を主張しているのにね。

**室谷**　北と南のトップは連絡を取り合う仲ではないと思います。ただ、面白いことは、朴槿恵大統領は日本には「歴史認識問題の前進」を首脳会談開催の条件に挙げています。それに対して、安倍首相は「条件無しの首脳会談」をしようと言っているのです。朴槿恵大統領は北に対しては「条件無しの会談」をしようと言っているのです。

**トニー**　韓国の場合は、一般の生活でも外交でも、さまざまなシーンで相手に対して、常に上下関係を確定してから、言動や行動を変えていますよね。相手が、自分より弱いと見れば、徹底的に強気で攻撃しますが、自分よりも強い相手の場合は、負け犬の

ように尻尾を振る。これが、室谷さんが言われる「事大主義」のことですね。

一般の韓国社会でも同様のことが起きています。ナッツリターンをみてもわかりますが、他にも、身体障害者への差別、身体障害者の施設での職員による障害者への性的暴行、さらには塩田での奴隷労働を行わせていたりと、日本に対して70年以上前のことをあれこれ言う前に現在進行形のこれらの野蛮な行為をやめるべきだと思っています。

それでも、安倍首相の訪米による日米関係のグレードアップを目の当たりにしては、韓国も「歴史」を武器にした「反日」は止めるか、弱めるのでは。

**室谷** いや、「恨み千年」の国民性ですからね。安全保障や経済問題では「用日」路線を取るでしょうが、その一方では「反日の誓い」を新たにして、国際社会とくに米国でジャパン・ディスカウント（ネタは何でもいいから日本を貶める戦術）を再起動すると思います。

韓国による日本叩きの中心となるネタは、もちろん慰安婦、彼らが言う「セックス・スレイブ」です。その過程で、米国の気を引くために、中国に過度にすり寄って見せるようなことはあるでしょうね。

24

第1章　恐るべし！　韓国人がアメリカで仕掛ける「反日プロパガンダ」

トニー　腹を割って話ができない裏がある相手ということですね。私は、「ジャパン・バッシング」という単語を使うように心がけています。この「〜バッシング」という単語を使うことは、負のイメージに「荷担しているヤツら＝悪者」という印象操作が可能になるためです。それを繰り返し使うことで、日本も言い忘れましたが、中国は、柔道で言えば、寝技が最も得意な国ですから、この作戦にはまってはいけませんね。

## ここはアメリカだ！　なぜ、従軍慰安婦像なんて建てるんだ!?

トニー　「従軍慰安婦＝性奴隷（セックス・スレイブ）」の根拠はすでに崩壊していますが、韓国はいまだにお経のようにしつこく唱えています。何も知らない人がこれに騙されないようにわれわれも、さらに真実の広報が必要になりますね。

室谷　韓国による日本叩きの象徴が、いわゆる「従軍慰安婦」とされる朝鮮人の少女像です。2013年7月30日、米カリフォルニア州ロサンゼルス郡グレンデール市に、韓国系アメリカ人の団体が費用3万ドル（約300万円）を負担して建てました。

少女像は、日系人や日本人たちの反対を押し切って、同市の中央図書館の隣にある公園内、つまり市有地に、市の許可を得て、堂々と設置されています。これに対するトニーさんの考えを聞かせてください。

**トニー** 一言でいえば、「ここはアメリカだ！」です。グレンデール市の公園は、アメリカに住むわれわれや、アメリカを訪れるさまざまな人の、休息や憩いのためにつくられた公共の場所。なぜそこに、韓国や韓国人が、日本や日本人を一方的に批判して貶めるための像を建てるのだ。おかしいじゃないか。こんなことは許されない。不愉快きわまりないから、さっさと撤去してくれ。そう私は思っていますよ。

アメリカ国籍を取り、アメリカにずっと住むと決めた韓国人が、自分の家や仲間たちと建てた自分たちのコミュニティ施設の中に、どんな銅像を建てようが、なにを拝もうが、それは自由。好き勝手にすればいい。

**室谷** 日本語では「鰯の頭も信心から」と言う。そんなつまらないものでも、どうぞ勝手に拝みなさい。それが信仰というものだからという意味です。

**トニー** イワシの頭ね。でも、アメリカの公共の場所に建てるのは間違っている。日本人を憎む韓国人がケンカしたいなら、よそでやってくれ。日本と韓国のケンカを、

第1章　恐るべし！　韓国人がアメリカで仕掛ける「反日プロパガンダ」

われわれの市立公園に持ち込むんじゃない。アタリマエ、デショ（笑）。

## 少女像に紙袋をかぶせて記念撮影。抗議の殺人予告が200通

**室谷**　トニーさんは、グレンデール市の公園に行きましたね。どうでしたか？

**トニー**　その像というのは、向かって右側の椅子に少女が座っていて、左側の椅子は空いている。さらに左の地べたに碑文が埋め込まれている。
なんでこんなのがアメリカの一角にあるんだ、と不快きわまりないから、私は日の丸と旭日旗の小旗を手に空いた椅子に座って、記念撮影をしましたよ。銅像の顔には紙袋をかぶせました。ついでに、彼女たちと連帯しなければと（笑）、もちろん私も紙袋をかぶせた。

**室谷**　写真を見て私は、日本のテレビで昔放映していた『ザ・ゴングショー』に出てくる男を思い出しました。The Unknown Comicといったかな、三つ穴を開けた食料品袋をかぶって、罵詈雑言を猛烈な早口でしゃべりまくるキャラクターです。

**トニー**　アメリカは、朝鮮人女性の慰安婦問題にも売春婦問題にも、まったく関係が

ありません。アメリカと何の関係もない女性の顔なんて見たくないから、紙袋をかぶせるのは当たり前でしょう。

実は、戦争が終わる前に彼女たちを捕まえて調べた米軍は、白人と日本人どちらの基準からしても、みんなけっして美人ではなかった、と報告しています。彼女たちと何かするとき、ブサイクだから袋をかぶせた日本兵がいたかどうか。私がかぶせたような紙袋を、二つ用意していたかも。一つを相手に、もう一つを自分にかぶせれば、彼女のが取れても顔を見なくてすむからね。ハッハッハッ。

**室谷** トニーさんのところには当然、抗議が殺到したことでしょう。

**トニー** フェイスブックに写真をアップロードしたら、私を罵倒するメッセージがドッときた。韓国の新聞が報じたあとは、韓国人から2000通くらい抗議メールがきた。「殺すぞ」という脅迫は200通以上あったかな。

ただ、日本に住む韓国人や北朝鮮からは、何もいってこなかった。よくやってくれたという感謝や応援メッセージは、日本人からはもちろん、スペインその他のヨーロッパから届きました。アメリカ国内からも。

**室谷** 殺害予告が、そんなにきましたか。こんなくだらんものは笑い飛ばすしかな

第1章　恐るべし！　韓国人がアメリカで仕掛ける「反日プロパガンダ」

グレンデールの「慰安婦像」と記念撮影

いって気持ちで、紙袋にイタズラ描きをしても、韓国人には、そういうギャグは一切通じません。

トニー　アメリカの公園なんだから、ベンチに座って写真を撮るのは自由。ニューヨークの公園では、長いことテントを張って住みながら、「全米の1％の富裕層が富を独占し、われわれ99％は……」なんて大騒ぎしていた連中がいるくらいでね。グレンデール公園は、当日キャンセルが出たのかな（笑）。椅子が空いていたから座って、写真を撮った。案の定、彼らはかんかんに腹を立てました。そうされたくないんだったら、公園ではない自分の家の庭にでも銅像を建てるか、アメリカ以外の場所に建てるべきでしょう。

## グレンデールの碑文には「私は日本軍の性奴隷でした」

室谷　その銅像の脇に埋め込んである碑文が、またひどいそうですね。

トニー　ひどい。クレイジーです。アメリカの公園に掲げるものでは、ありません。まして、日本と韓国の問題とは何の関係もないグレンデールで、公園を訪れる人

第1章 恐るべし！ 韓国人がアメリカで仕掛ける「反日プロパガンダ」

**室谷** もちろん英語で書かれていますが、日本語訳と一緒に紹介しましょう。

に読ませるべき内容ではありません。

"I was a sex slave of Japanese military"

・Torn hair symbolizes the girl being snatched from her home by the Imperial Japanese Army.
・Tight fists represent the girl's firm resolve for a deliverance of justice.
・Bare and unsettled feet represent having been abandoned by the cold and unsympathetic world.
・Bird on the girl's shoulder symbolizes a bond between us and the deceased victims.
・Empty chair symbolizes survivors who are dying of old age without having yet witnessed justice.
・Shadow of the girl is that of and old grandma, symbolizing passage of time spent in silence.

「私は日本軍の性奴隷でした」

- ざんばら髪は、大日本帝国軍によって家から拉致されたこの少女の象徴です。
- 握り締めた拳は、正義を回復させようというこの少女の固い決意を表しています。
- 地に着かない裸足は、冷淡で思いやりがない世界に少女が見捨てられてきたことを表しています。
- 少女の肩の鳥は、私たちと亡くなった犠牲者との絆を象徴しています。
- 空いた椅子は、いまだ正義を見ずに死を迎えつつある老いた生存者たちを象徴しています。
- 少女の影は、彼女の祖母の影でもあり、沈黙のなか過ごした時間の経過を象徴しています。
- 影の中の蝶は、犠牲者たちが謝罪を受けるためにいつか甦るという希望を表し

・Butterfly in shadow represents hope that victims may resurrect one day to receive their apology.

**室谷** ここまでは、このおかしな銅像がなにを表しているかという解説で、まあ「作者の言葉」のようなものですね。

**トニー** もう一つあって、こちらは、銅像と碑文がどんな目的で建てられたかを書いた「建立者の宣言」のようなものです。

Peace Monument

In memory of more than 200,000 Asian and Dutch women who were removed from their homes in Korea, China, Taiwan, Japan, the Philippines, Thailand, Vietnam, Malaysia, East Timor and Indonesia, to be coerced into sexual slavery by the Imperial Armed Forces of Japan between 1932 and 1945.

And in celebration of proclamation of "Comfort Women Day" by the City of Glendale on July 30, 2012, and of passing of House Resolution 121 by the United States Congress on July 30, 2007, urging the Japanese Government to accept historical responsibility for these crimes.

It is our sincere hope that these unconscionable violations of human rights shall never recur.

July 30, 2013

平和記念碑

1932年から1945年の間に、日本帝国軍によって、韓国・中国・台湾・日本・フィリピン・タイ・ベトナム・マレーシア・東チモール・インドネシアにあった故郷から移送され、性的奴隷となることを強要された、20万人以上のアジアとオランダの女性たちを偲んで。

さらに、グレンデール市による2012年7月30日の「慰安婦の日」の宣言と、日本政府がこれら犯罪の歴史的責任を受け入れることを促す、2007年7月30日の連邦議会による下院決議121号の通過を記念して。

これら不当な人権侵害が決して繰り返されないことを、私たちは心から願う。

2013年7月30日

## 「日本人はとても悪いことをした」という記憶だけが残る

**室谷** 性奴隷（sex slave）……、私は、まさにはらわたが煮えくり返る思いがするのですが、日本人一般は依然「スレイブ」という用語に鈍感です。同時に、こんな像や碑を建てる人びとは、私たち日本人を貶めるばかりで、仲よくやっていこうという考えはまったくないのだろう、と実に虚しい気持ちになってくる。

**トニー** こんな話があります。グレンデール市の公園に母親と幼い女の子がやってきた。女の子は、見慣れない銅像があるので駆け寄って、しげしげと眺めた。そして母親に「この女の人は何でここに座っているの？」と聞いた。母親が碑文を読むと「私は日本軍の性奴隷でした」と。

続けて読むと、第二次世界大戦が終わるまでの十何年かで、日本軍が20万人以上の女性たちを強制的に性奴隷にして、あちこち連れていったと書いてある。そんな話は聞いたことがなかったけど、どうもそういうことらしい。

というのは、グレンデール市の「慰安婦の日」宣言や合衆国連邦議会の決議と、さ

も関係があるように装っているからです。誰がこんな銅像を建てて、アジアやオランダの女性を偲んでいるのか、誰にもわからないというのがズルい。

**室谷** そうです。自分たちの住むグレンデール市もアメリカ議会も同じ考えなのだな、と思うのがふつうですね。20万人以上という女性の数だって、市役所が発表する市の人口を信じるように、信じてしまう。

**トニー** でも、奴隷状態で性の対象にさせられた「性奴隷」なんて話が、幼い子にできるはずがない。そこで母親は、「この女の子は昔、日本という国の兵隊に、とってもひどいことをされたんだって。もうそんなことをしてはダメだぞって、みんなが忘れないように、女の子を銅像にしたの」と説明する。

女の子は「ふーん」と。なんだかよくわからないけど、日本という国の兵隊は昔ととても悪いことをしたんだ、と思うでしょう。結局、そのことだけが、アメリカに住む小学校にも行かない子どもの記憶に残ってしまう。これはよくないことだ、と日本人もアメリカ人も、もっと真剣に考えるべきだと思います。

36

## 反日プロパガンダを放置。日本政府は手ぬるすぎる

**室谷** いや、まったく同感です。ところが、そこは日本人でも、よくわかっていない人が、依然として少なからずいます。

トニーさんもご存じでしょう。日本を代表する巨大メディアの『朝日新聞』が2014年8月に「慰安婦問題を考える」という検証記事を出し、1982年9月から実に32年ぶりに、16本の記事を虚偽の証言に基づいていたと取り消しました。

**トニー** ええ、話は聞いています。アメリカ人は、ほとんど誰も興味がなく、知りません。

**室谷** その時点まで、戦前の日本というのは何から何までロクでもなかったと主張する大勢の人が、「性奴隷」という言葉を、さも得意げに使っていました。だから、私は、日本政府も状況認識が甘く、手ぬるすぎると思っています。

グレンデール市に建つような銅像や石碑が、日本にとってマイナスと思わない日本人は一人もいないでしょう。でも、あれこれ調べたり抗議したりするのは面倒くさい

し、外交の本筋とも違う。外務省や大使館の官僚は、こんな反日プロパガンダは実にけしからんと感じても、ワシントン相手の自分たちの仕事とは関係ないと思って、放置しているわけです。

トニー　そこで私は、日本の友人たちと一緒に、グレンデール市の像を撤去するためのホワイトハウスへの署名活動をやりましたよ。誰もやらないからね。すると10万人を超える署名が集まった。

室谷　いや、まったくありがたいことです。私が、感謝と同時に、恥ずかしいという思いもあります。日本政府も日本人も怠慢すぎて恥ずかしい。

トニー　もっとも、目標数の署名は集まりましたが、グレンデールの慰安婦像は依然として撤去されていません。私が紙袋をかぶせたあと、監視カメラを設置すべきだという話が出たとか。その後、ガードマンが監視しているとも聞きました。おもしろいでしょう（笑）。

## 日本や日本人に対して「病的なまでの嫌悪感」を抱いている

**室谷** なぜ、韓国系アメリカ人たちは、アメリカでこの種の銅像や碑文を建てたがるのだろうか。トニーさんは、どう考えますか？

**トニー** 深い考えや目的があってやっている、とは思えません。はっきりしているのは、アメリカでの、日本や日本人に対するイメージは、基本的にポジティブなものばかりだ、ということです。

昨年、2014年には、エアバッグの問題でタカタが叩かれましたが、昔からああいうことは起こる。自動車産業が悪いときは日本車をハンマーでぶっ壊すアメリカ人が出てきますけど、全体のプラスマイナスでは明らかにプラス。アメリカ人はみんな、日本を太平洋の向こうのいちばんの友好国と思っています。

**室谷** 日本人も、そう思っていますよ。いちばんの同盟国で友好国。

**トニー** だから彼らは、そんな日本をアメリカで叩いて、日本のポジティブなイメージを落としたい、と考えているのでしょう。

「性奴隷」の説明付き銅像をアメリカに建てたがるのは、どういうわけか、すべてが韓国人ではありませんが、多くは韓国系アメリカ人や韓国人です。彼らは日本や日本人に対して、ひどい嫌悪感をもっている。解消する気もないし、解消したくてもできないような、私に言わせれば「病的なまでの嫌悪感」を抱いていますね。なぜそうなのか、私にはまったく理解できませんけれど。

## 「小中華」の韓国から見れば、日本は野蛮な後進国

室谷　私は1980年から85年まで5年間、時事通信社というニュース通信社の特派員として韓国・ソウルに駐在していました。

トニー　ああ、5年間もいたんですか。長いですね。

室谷　最初の5年は韓国で、その後30年は日本で韓国をウォッチし続けている立場から、トニーさんのいう病的な嫌悪感を説明してみましょう。

半島南部にあった新羅は、高句麗、百済に対抗するため進んで唐に対して事大主義で臨んだのです。そして、同じ民族である百済を唐の力を借りて――実際には唐の一

40

第1章　恐るべし！　韓国人がアメリカで仕掛ける「反日プロパガンダ」

将軍の指揮下に新羅国王以下が入って、百済を亡ぼしたのです。以来、日本に併合される直前まで中国の王朝に対して「事大の礼」をとり続けたのです。目に見える形の「礼」は叩頭三拝。中国皇帝の使者がくるとなると朝鮮の王はソウルの外門まで迎えに出て、そこで叩頭三拝したのです。

　基本的には、支配者は中国の承認を受けてから王となり、朝貢を義務づけられてきました。ときに、中国の横暴に反発することはあれ、基本的には〝偉大な中国文化〟に憧れ、中国から儒教を取り入れ、いわゆる「小中華」思想をはぐくんできたわけです。

**トニー**　なるほど千数百年も中国の属国ね。それで、俺たちは小っちゃい中国と思い込んで、威張っていた。

**室谷**　中国文化絶対の立場からすると、海を隔てた日本は「小中華」の朝鮮よりも遅れた野蛮な国となります。仏教や儒教もさまざまな先進技術も、韓国が日本に教えたのだ、と思い込む。それから、中国といっても、モンゴル人の元や満州国の清などは異民族の国だから、儒教を受け継ぐ「東方礼儀の国」の韓国より遅れた、これまた野蛮国です。韓国人には、こういう考え方が根強く、いまでもハッキリ残っています。

**トニー**　ああ、それで彼らは、なんでもかんでも韓国が発明したといっているのか。

柔道、空手、剣道、相撲、サムライ、ニンジャ……（笑）。いつかは、ピザまで自分たちが発明したと言っていたようだった。

**室谷** 仏教の仏典や仏像、千字文の公式な伝来は百済からでした。しかし、それより、はるか以前から、半島南部にいた日本人は中国の王朝と直接交渉していましたから、実は韓・朝鮮族は伝達役でもなかったのです。

もちろん、そんな本当の歴史は彼らにはどうでもよくて、ただ「韓国人は日本人より偉い」と思っている。それに韓国人は、いま観光で韓国を訪れる中国人を野蛮だとバカにしている。偉大な中国の伝統は、もうお前たちの国にはないと。だから、昔は①中国、②朝鮮、③日本という順番だったんだけど、今は①韓国、②中国、③日本という順番なんです。彼らの頭や心の中では。

### 韓人は米国内も序列化して見る

**トニー** いま聞いた話は、アメリカ人の常識とは全然違います。70年前まで戦争していた敵だったけれど、その後、経済的に大成功した日本のほうが、韓国よりは先進国

第1章　恐るべし！　韓国人がアメリカで仕掛ける「反日プロパガンダ」

でしょう。そもそも進んでいたから、アメリカと戦争になったんですよ。

**室谷**　そこなのです。「小中華」で日本よりも上のはずの朝鮮（大韓帝国）が、1910年の日韓併合によって日本に組み込まれてしまった。これは既得権を失った両班（貴族）にとっては絶対に許せないことでした。実は両班が無能だったから、併合に至ったのですが。

けれど、日本には併合されてしまった。中国には属国にされ続けたけれど、日本には併合されてしまった。これは既得権を失った両班（貴族）にとっては絶対に許せないことでした。実は両班が無能だったから、併合に至ったのですが。

そして第二次大戦が終わると、日本の支配からは脱したものの、南北朝鮮の対立から朝鮮戦争が始まって国土が荒れ果てた。その後も長い間、民主化ができず、経済もパッとしなかった。それもこれも「みんな日本のせいだ」というわけです。

**トニー**　その結果、彼らは日本に対して、私から見ると病的で、理解しがたい嫌悪感を抱くようになったんですね。

**室谷**　アメリカに移民として渡った韓国人も少なからずいます。トニーさんが言ったように、日本人はアメリカでもポジティブな評価を受けてきた面があるでしょう。これに対して韓国系の人びとは、アメリカで孤立し軽蔑されてきたでしょう。たとえば1992年のロサンゼルス暴動のとき、暴徒と化した黒人たちは韓国系の商店ばかり狙って襲いましたね。

トニー　ああ、そんなことがありました。ロス市警の警官が黒人を暴行する場面を住民が撮ったビデオが公開された。こりゃひどいとみんな思っていたら、その警官が裁判で無罪になった。それで黒人たちがブチ切れて、大暴動が起こった。

室谷　あのとき多くの韓国系の商店が襲撃されて、総被害額の半分くらいを占めたといいます。

　実は、アメリカの韓国系移民は、1970年代に、以前の4倍ほどに急増しているのです。これは、アメリカが、ベトナム戦争に参加した韓国人の帰還兵に移住許可を与えたからです。

トニー　そう。アメリカでは、アメリカのために戦争で戦った人は、アメリカ人です。米軍に入れば、国に命を捧げるんだから、当然アメリカ人。英語なんて全然しゃべれなくても関係ない。しゃべれない人が多すぎて困るんだけれど（笑）。

室谷　それでアメリカ人になった韓国人が始めた商売というのが、ロサンゼルスでは競争相手の少ない黒人街に店を開き、従業員にヒスパニック系を雇い、閉店すると厳重にカギをかけ、さっさと韓国人街へ帰る、というやり方でした。

　つまり、「小中華」思想で、中国の田舎者だって自分より下、黒人なんてなおさら下

44

第1章　恐るべし！　韓国人がアメリカで仕掛ける「反日プロパガンダ」

と思っている。日頃から黒人に差別的で、黒人たちを一人も雇わないで、俺たちからカネだけ取ろうとする連中と見なされていた。しかも間が悪いことに、ロス市警の暴行事件の直後、韓国系アメリカ人の女性店主が黒人少女を射殺してしまうという事件がありました。だから、ロス暴動で集中的に狙われたのです。

韓国系アメリカ人には、そういうネガティブな側面がずっとあり、なんとか失地回復を図りたいという思いがあったと思います。

トニー　だから「日本人、あいつら俺たちよりヒドいんだ」と言いたいんだ。日本や日本人を引き下げておいて、自分たちを高みに引っ張り上げようという作戦ですか。

## ウリナラ自慢が減ったら、海外での日本批判が増えた

室谷　ただ、ひと昔前まで、もちろん「反日」は当たり前でしたが、日本をそれほど攻撃していなかった。むしろ、自分たち韓国人は世界一すぐれた民族だ。「漢江の奇跡」（60年代半ば以降の経済急成長）を成し遂げて、こんなに立派な経済大国になった。そんなウリナラ自慢（わが国自慢）ばかり目立っていました。

実は、1965年の日韓基本条約によって、日本から莫大な資金がもたらされ、それが起爆剤となり「漢江の奇跡」が実現したのです。ところが韓国民の多くはその資金が、両国間の一切の請求権の"完全かつ最終的な解決"であるという協定に基づくことを知らずにいます。政府は知られないようにする一方、「ハミョンテンダ」（やればできる）といった国粋主義を煽り、反日教育を続けたのです。

トニー　じゃあ、自分たちの実力と勘違いしてしまったんだ（笑）。

室谷　そうです。ところが、1997年のアジア通貨危機で、韓国は、タイ、インドネシア、マレーシアなどと並んで大きな打撃を受けます。一時は、デフォルト（債務不履行）寸前の危機的な状況に陥り、IMF（国際通貨基金）の管理下に入らざるをえませんでした。

このときは「朝鮮戦争以来、最大の国難」と叫ばれ、このあたりで韓国人は自信を失った。ウリナラ自慢もできなくなりました。すると、それに反比例するように、今度は海外での日本批判が増えていった。

トニー　なぜですか？

室谷　「小中華」で、いつも威張りたい。自慢するものがあるうちは、自分を誇っ

第1章 恐るべし！ 韓国人がアメリカで仕掛ける「反日プロパガンダ」

て威張る。自慢するものがなくなったら、他人をけなして威張る。

ごく簡単に言えば、昔は、日本につかまって自分のポジションを引き上げようとしていた。ところが、ＩＭＦ危機の後は、自分の位置はそのままでも仕方ないけれど、日本を引きずり下ろそうと画策を始めたのです。それをアメリカを舞台にしてやっているのが、いまの反日プロパガンダでしょう。それは韓国の国策とも言える「ジャパン・ディスカウント」と密接に絡んでいます。

それで、アジア通貨危機が収まったところで、新たなウリナラ自慢として出てきた国策が「韓流」というわけです。

## なぜ、アメリカで反日プロパガンダをやりたがるのか

トニー　私が彼らの言い分を聞いて、いったい何をいっているんだ、と思うのは、彼らがわれわれアメリカ人に「本当の歴史を教えたい」ということです。なぜなんだ。別にそんなこと教えてくれなくていいよ、と思う。

というのは、あんたたちは、カナダ人には歴史を教えたくないんだろう。だって、

カナダのどこかに、あの少女像があるんだ。それに、ヨーロッパ人にも教えたくないわけだろう。ヨーロッパのどこにあの少女像があるというんだ。南米の連中にも教えたくないし、南極のペンギンにもだ。南米にも南極にも銅像はないじゃないか。それなのに、なぜアメリカ人だけに、そんなに一生懸命、本当の歴史を教えたがるんだ。ヨーロッパはウソの歴史でいいらしい。俺たちのこと、そんなに好きなのか？　とね（笑）。

**室谷**　なるほど、それはそうだ（笑）。

**トニー**　いや、われわれに歴史を教えるなんて、余計なお世話もよいところ。韓国に留学するアメリカ人より、アメリカに留学する韓国人のほうが多いに決まっている。歴史に限らず、経済学も科学技術も、なんだってそうだ。われわれアメリカ人が、彼らに歴史を教える側ですよ。

**室谷**　韓国側からすると、一つには、やっぱりアメリカという国が世界の中心にある、だからアメリカでやるのだ、と思っているでしょう。自由の国だから言論活動もやりやすい。

それに、アメリカには都合のよいことに、民主党という政党がある。これはリベラ

48

第1章　恐るべし！　韓国人がアメリカで仕掛ける「反日プロパガンダ」

ルで弱者の味方で、不法移民だろうとなんだろうと、票になるならみんな取り込みます。日本の同じ名前の党と似たところのある無節操な集団だから、働きかけやすい。

トニー　そう言えば、グレンデールに行ったとき、韓国系アメリカ人の大きなコミュニティがあることに気づきました。そのコミュニティは、明らかに市議会に大きな影響力をもっていましたね。

## 韓国お得意の「告げ口外交」

トニー　日本人移民がアメリカにきたのは、日本が貧しかった時代でしょう？

室谷　ハワイやカリフォルニアに出たのは、日本の明治、大正と昭和初期までが多いでしょう。ブラジル、ペルー、パラグアイなど南米にも盛んに出ました。昭和になると、中国大陸に満州国を建国し、みんなそこを目指したから、南米や北米に行く人は減ったと思います。

トニー　だから、日本人移民は韓国人移民より古いんじゃないですか？　いまの世代は、最初の移民から数えて四世、五世、あるいはもっと代を重ねていて、みんなアメ

リカ人になりきっている。朝鮮戦争やベトナム戦争のころにきた韓国人の子孫は、まだ三世くらい。だからアメリカ人になりきっておらず、韓国人意識が強い。そういうことは、言えませんか？

室谷　それもあるでしょう。もう一つ、韓国は「告げ口外交」というのが得意で、韓国でも日本でもない第三国に出かけていき、日本の悪口を言う。ジャパン・ディスカウントという国策運動です。だから大統領自らがするわけです。

　韓国の朴槿恵大統領は２０１３年の中韓首脳会談で、中国の習近平国家主席に、ハルピンに安重根記念館を建設してほしいと要望し、実現しました。同じ年の秋にはアメリカ、ロシア、フランス、イギリスなどで首脳会談やインタビューの機会をとらえては従軍慰安婦問題を取り上げ、「日本は正しい歴史認識を持つべきだ」と、言って回りました。

トニー　世界では見かけない外交手法。恥ずかしい、と思うのがふつうでしょう。

室谷　実は韓国人は、この手法を国内では日常的にしています。自分の気にくわない人を孤立させるため、その人の悪口をまわりの人たちにいって回ることを「イガンヂル」と言います。「イガン」を漢字で書けば離間で互いを離すという意味です。近

## 米軍は1944年に朝鮮人慰安婦20名を尋問していた

その背景には「韓国の常識は世界に通ずる」という思い込みがある。さらに、その背景には、一種の選民思想が脈打っているのです。

**室谷** さて、ここまで「性奴隷」（sex slave）という言葉を棚上げにしたまま、韓国の反日プロパガンダについて議論してきましたが、ここで従軍慰安婦とは何だったのか、という問題を話しておきたいのですが。

**トニー** オーケー。これは私が調べた。というのは、インターネットで米軍が戦時中に作成した慰安婦の調査報告書があると知って、アメリカ国立公文書館に問い合わせました。文書を送れというので送ったら、さっそく返事がきて、1944年10月につくられた報告書のコピーが届きました。文書の冒頭はこうです。

戦時日本人捕虜尋問報告　第49号

アメリカ戦時情報局　心理作戦班　アメリカ陸軍インド・ビルマ戦域軍所属　APO689

尋問場所：レド捕虜収容所　尋問期間：1944年8月20日～9月10日　報告年月日：1944年10月1日　報告者：T／3アレックス・ヨリチ　捕虜：朝鮮人慰安婦20名　拘束日：1944年8月10日　収容所到着日：1944年8月15日

**室　谷**　女性たち20人が捕虜となって収容所に到着したのは、戦争が終わる45年8月15日のちょうど1年前ですね。

**トニー**　そして「はじめに」として、次の文章が載っています。日本語に訳してもらって、大事なところだけ〈 〉にもとの英文を示しておきましょう。

◆

　この報告は、1944年8月10日ごろ、ビルマのミートキナ陥落後の掃討作戦において捕らえられた20名の朝鮮人「慰安婦」と2名の日本の民間人に対する尋問から得た情報に基づくものである。

　この報告は、これら朝鮮人「慰安婦」を募集するために日本軍が用いた方法、慰

第1章 恐るべし！ 韓国人がアメリカで仕掛ける「反日プロパガンダ」

安婦の生活および労働の条件、日本軍兵士に対する慰安婦の関係と反応、軍事情勢についての慰安婦の理解度を示している。

「慰安婦」とは、売春婦または兵士たちの便益のために日本軍に付く「職業的な軍随行者」以外の何者でもない。〈A "comfort girl" is nothing more than a prostitute or "professional camp follower" attached to the Japanese Army for the benefit of the soldiers.〉

「慰安婦」という用語は、日本軍特有のものである。この報告以外にも、日本軍にとって戦闘の必要のある場所ではどこにでも「慰安婦」が存在してきたことを示す報告がある。しかし、この報告は、日本人によって雇用され、かつ、ビルマ駐留日本軍に所属している朝鮮人「慰安婦」だけについて述べるものである。日本は、1942年にこれらの女性およそ703名を海上輸送したと報告されている。

## 結論は出た。朝鮮人慰安婦たちは、性奴隷ではなく売春婦だ

トニー　どうです？　結論は出ました。これで議論は終わりです。報告書が述べてい

る朝鮮人慰安婦は、「性奴隷」なんかではありえない。軍隊に一緒にくっついて移動する「売春婦」ですよ。

**室谷** はい、「慰安婦」とはいわゆる売春婦（娼婦）、または兵士たちのために日本軍に付く「職業的な軍（軍隊宿営地）の随行者」である、と。これまで私たちも、従軍慰安婦というのは娼婦、それも日本国内の娼婦よりはるかに高給取りの高級娼婦だ、と理解してきました。そのとおりの内容です。

**トニー** 米軍が作成した報告書、しかも1944年10月にまとめられた報告書ということが、きわめて重要ですね。当時のアメリカは、日本とまだ戦争を続けているのだから、日本軍と一緒にいた女性たちから聞き取り調査をした結果、「彼女たちは憎むべき残虐な日本軍に性奴隷とされていた」と、宣伝材料にしてもよかった。

そして、本当に性奴隷とされていたのならば、アメリカの捕虜になった時点で、「助かった」「助けられて、うれしい」などと証言しているとでも書かれているべきですね。しかし、そんなことはどこにも書いていない。それよりも、今まで高給をもらって、ぜいたくな暮らしをしていたのに米軍に捕まったので、今後、どうやってお金

54

第1章 恐るべし！ 韓国人がアメリカで仕掛ける「反日プロパガンダ」

を稼ごうかと思ったことでしょう。

でも、米軍は慰安婦を宣伝材料にはしなかった。そんなプロパガンダに利用すれば、ウソつきになってしまうからです。

**室谷** おっしゃるとおり。日本と戦っていたアメリカ側がつくった報告書だからこそ貴重です。日本軍の古い書類に同じことが書いてあっても、性奴隷をつくった連中の書いたものなんてまるで信用できない、と一蹴されてしまいます。

**トニー** この朝鮮人女性たちは、日本軍に近い場所にいて「捕虜」になりました。もし、彼女たちが日本兵に性的に奉仕することを余儀なくされた「性奴隷」だったら、それを捕まえた米軍は、とんでもないバカ者になってしまう。

敵である日本軍にこき使われていた奴隷ならば、「救出・保護」するか、しなければならない。でも、そうはせずに拘束したわけです。なぜか。どう見ても奴隷には見えなかったから、という理由しかありえない。

**室谷** おそらく、それに付随するものと思いますが、写真を見たことがあります。フックラ太っていて、こざっぱりしたワンピース姿の女性。戦地で食うや食わずの状態にいた奴隷の姿とは、ほど遠いイメージでした。

トニー　報告書には、興味深い話がたくさん載っています。いくつか引用しておきましょう。

## 彼女たちは、日本兵とスポーツやピクニックにも

尋問で判明したところでは、平均的な朝鮮人慰安婦は25歳くらいで、無教養、幼稚、気まぐれ、そして、わがままである。慰安婦は、日本的基準からいっても白人的基準からいっても、美人ではない。とかく自己中心的で、自分のことばかり話したがる。

◆

ミートキナで慰安婦たちは、通常、個室のある2階建ての大規模家屋（普通は学校の校舎）に宿泊していた。それぞれの慰安婦は、そこで寝起きし、業を営んだ。彼女たちは、日本軍から一定の食料を買っていた。ビルマでの彼女たちの暮らしぶりは、ほかの場所と比べれば贅沢とも言えるほどだった。この点はビルマ生活2年目についてとくに言えることだった。食料・物資の配給量は多くなかったが、ほし

第1章　恐るべし！　韓国人がアメリカで仕掛ける「反日プロパガンダ」

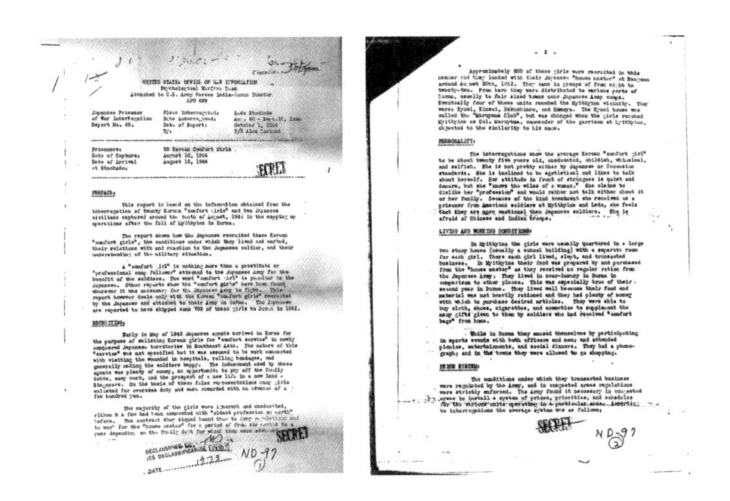

米国国立公文書館からテキサス親父へ送られてきた従軍慰安婦の調査報告書のコピー。
1944年8月10日ごろ、ビルマのミートキナ陥落後の掃討作戦において捕らえられた20名の朝鮮人「慰安婦」と20名の日本の民間人に対する尋問に基づいて作成された。
朝鮮人「慰安婦」を募集するために日本軍が用いた方法、慰安婦の生活および労働の条件、日本軍兵士に対する慰安婦の関係と反応、軍事情勢についての慰安婦の理解程度を調査、分析している。
このレポートをまとめたアメリカ戦時情報局は、「『慰安婦』とは、売春婦、もしくは、『軍を追いかけている売春婦』、つまり『追軍売春婦』以外の何者でもない」と結論づけている。

い物品を購入するカネは充分にもらっており、彼女たちの暮らし向きはよかった。彼女たちは、故郷から慰問袋をもらったさまざまな贈り物に加えて、それを補う衣類、靴、紙巻きタバコ、化粧品を買うことができた。

彼女たちは、ビルマ滞在中、将兵と一緒にスポーツ行事に参加して楽しく過ごし、また、ピクニック、演奏会、夕食会に出席した。彼女たちは蓄音機をもっていたし、都会では買い物に出かけることが許された。

◆

将校は週に夜7回利用することが認められていた。慰安婦たちは、日割表どおりでも利用度がきわめて高いので、すべての客を相手にすることはできず、その結果、多くの兵士の間に険悪な感情を生みだすことになるという不満をもらしていた。

◆

兵士たちは慰安所にやってきて、料金を支払い、厚紙でこしらえた約2インチ四方の利用券を買ったが、それには左側に料金額、右側に慰安所の名称が書かれていた。次に、それぞれの兵士の所属と階級が確認され、そののちに兵士は「列をつく

第1章 恐るべし！ 韓国人がアメリカで仕掛ける「反日プロパガンダ」

って順番を待った」。慰安婦は接客を断る権利を認められていた。接客拒否は、客が泥酔している場合にしばしば起こることであった。

1943年の後期に、軍は、借金を返済し終わった特定の慰安婦には帰国を認める旨の指示を出した。その結果、一部の慰安婦は朝鮮に帰ることを許された。

◆

## 少女像の石碑に書いてあるのは悪意に満ちた大ウソだ

トニー　報告書の最後には、朝鮮人女性20名の名前と年齢が載っています。米軍は、こんなことを捏造などしません。報告書をどこからどう読んでも、彼女たちは「性奴隷」ではなく、軍人相手の「売春婦」です。

日本軍がほめられるよいことをした、とは私は考えないし、主張もしません。しかし、当時、売春婦は朝鮮や台湾を含む日本でもふつうにいて、彼女たちは奴隷ではない。聞くところによると、現在でも売春婦は多くの国にいるらしいけれども（笑）、これも奴隷ではない。戦争中に戦地で、日本人兵士の相手をした売春婦だけを「性奴

隷」と呼んで、性的な奉仕を強要される奴隷状態だったと考える理由は、どこにも見つかりません。

**室谷** つまり、グレンデール市の少女像の脇にある石碑に書いてあることは、大間違いではなく、悪意に満ちた大ウソなのです。

**トニー** そう、あれは大ウソです。日本人や日本の国を貶める虚偽の文言です。だから私は、この報告書をコピーしてグレンデール市議会議員やメディアに送りました。あなた方はアメリカ人だろう。アメリカ軍の兵士が書いた報告書よりも、韓国系アメリカ人や韓国人のウソやでっち上げを信じるのか？ それはアメリカの市議会議員として、いや、アメリカ人として恥ずべきことではないのか？ 平和モニュメントに虚偽を彫りつけていいはずがない。それは平和を損なう行為ではないか？ とね。

## 韓国はいまも「売春大国」

**室谷** トニーさん、古いことをあまり知らない若い人たちのために、売春や売春婦（娼婦）について、戦前の日本の状況はどのようなものだったか、話しておく必要が

第1章　恐るべし！　韓国人がアメリカで仕掛ける「反日プロパガンダ」

あるだろうと思います。

トニー　賛成です。私も聞きたい。

室谷　まず、はっきりしていることは、女性が身体を売っておカネを稼ぐ「売春」という仕事は、大昔から日本だけでなく世界中にありました。いまでもあります。特に韓国では盛んなんです。海外に出ている売春婦は12万人以上とされています。

日本では江戸時代に有名な吉原遊郭があり、規模は違っても似たような場所が各地にあった。そういう場所は、明治・大正をへて1958（昭和33）年まで「赤線地帯」として存続していました。警察が地図上に赤線で区切ったので、こう呼ばれます。このときまで売春・買春は、日本では合法でした。

戦時中の日本軍が志願する女性を連れていく、という方針もはっきりしています。「強制連行」はありませんでした。日本では女衒と言い、韓国では抱主と呼ばれる業者が慰安婦を集め、各地に慰安所を設置しました。

従軍慰安婦には、日本人も朝鮮人も台湾人もいて、彼女たちにお世話になった日本兵には日本人も朝鮮人も台湾人もいました。彼女たちは、ふつうの売春婦よりも何倍も高い給料を得ていました。

トニー　戦前は彼女たち全員が「日本国民」ですね。

室谷　大部分がそうです。昭和14年初頭の日本の人口は1億245万人で、内訳は内地7238万、朝鮮2263万、台湾574万、樺太33万、関東州（満鉄付属地含まず）122万、南洋12万です（国際連盟統計年鑑ほかによる）。

従軍慰安婦のうち2割くらいが朝鮮人と言われています。いちばん多かったのは日本人慰安婦です。朝鮮半島の女性だけを集めて従軍慰安婦にしたわけでは、まったくありません。2割ほどの存在が20万人だとすると、総数100万人（笑）。

## 高給取りだから、ダイヤモンドを買った慰安婦もいた

トニー　「慰安所の楼主」〈"house master"〉は慰安婦の稼ぎの総額の50〜60％を受け取っていた。慰安婦は「楼主」に750円を渡していたから、これは慰安婦が普通の月で1500円程度を稼いでいたことを意味する、──と、先ほどの米軍報告書報告書に書いてあります。この金額は高いんですか？

室谷　ものすごい高額です。日本の警察官（巡査）の初任給が月額45円のとき、軍

第1章　恐るべし！　韓国人がアメリカで仕掛ける「反日プロパガンダ」

人の基本給は軍曹30円、少尉70円、中佐以上300円というようなデータがあります。この基本給に在勤手当や戦地手当が加算されました。額だけで比較すると、従軍慰安婦の給料は佐官や将官の基本給より高いでしょう。

**トニー**　それはすごい。

**室谷**　ただし、場所や戦況にもよりますが、食品その他の現地価格がものすごく高かったというようなことがあったかもしれません。

それでも、文玉珠という慰安婦は自ら「カネを貯めてダイヤモンドを買った」と述べていますし、彼女は戦後、日本で郵便貯金の払い戻し要求の訴訟も起こしています。その預金原簿には残額5万円余と記されています。

**トニー**　では、ますます奴隷ではありませんね。そもそも彼女たちは、兵士たちがお世話になるとても大切な存在だから、乱暴に扱わないのがふつうでしょう。

**室谷**　それなのに日本では、吉田清治というインチキな物書きが、戦時中に韓国の済州島で朝鮮人女性を「記憶するのは950人、部下によれば2000人」も強制連行した、と語って、そう伝える記事が2014年まで虚偽と認定されませんでした。吉田証言が出たあと、済さきほど話したように、慰安婦を募集するのは業者です。

州島の古老たちは「そんなことがあったなら、島の人間が知らないはずはない。そんなことはなかった」と明確に否定しました。しかし、朝日新聞も韓国のメディアも、そうした証言は一切無視して、詐欺師の話だけを採用したわけです。これは、日本に打撃を加える目的の取捨選択です。

## 「慰安婦＝性奴隷」がワン・パッケージの宣伝作戦

室谷　さて、韓国系アメリカ人たちが「慰安婦」を「性奴隷」というふうに言い換えることで、彼らの運動は勢いづき、少女像が建ったわけです。
　考えてみれば、そもそも慰安婦というのがよくわからない言葉で、日本軍の公式用語ではありません。施設はもっぱら慰安所と呼ばれましたが、女性たちは「接客婦」「従業婦」「醜業婦」など呼び方がいくつもありました。その一つの「慰安婦」が、今度は「性奴隷」という、これまた日本人がよく知らない言葉に言い換えられた。そういう妙な言葉を使って日本人を貶める反日プロパガンダ戦術に、いま日本がはまりつつある、と私は考えているのです。

トニー 「奴隷」（slave）という言葉自体からイメージすることが、欧米人や黒人の場合と、日本人の場合と、ちょっと違うんじゃないですか。というのは、海に囲まれて長く平和が続いた日本は、異民族に支配されたことがない。戦いで敗れてみんな奴隷にされ、強制労働させられたような経験がない。映画なんかで見ても、古代ローマの奴隷とか黒人奴隷とか、みんな日本人ではないから他人事ですね。

そこに、性奴隷と言われても、なんだかよくわからない。それで、そういうものかと思ってしまう日本人が、いるのではないですか？

室谷 そうかもしれません。軍関係の売春婦みたいな慰安婦という、戦争に行った人でなければよくわからないものを、「実は性奴隷だ！」と言われて、奴隷のように朝から晩まで働かされる売春婦をそう呼ぶのかな、と思い込まされてしまう……。

トニー ただ、アメリカでは、もともと日本軍の「慰安婦」という問題そのものが何もなかった。それで、韓国系の連中がなにやら騒ぎ出したとき「なんだい、慰安婦というのは？」と思ったら、「慰安婦（comfort girl）は性奴隷（sex slave）だ」という話になっていた。

アメリカに入ってきた、あるいはアメリカで初めて聞いたときは、すでに「慰安婦＝

「性奴隷」というセット、ワン・パッケージになっていた。これはたしかです。

室谷　言い換えて持ち込む戦術は韓国人の得意技です。日本の左翼もお得意です。たとえば戦後の講和条約騒動がそうでした。冷戦下であり、ソ連を含む講和は実現性がゼロでした。ところが左翼はソ連を含む講和を「全面講和」、ソ連を除く、つまり大多数の国々との講和を「単独講和」と言い換え、「全面講和か単独講和か」を争点化したのです。

本筋に戻しましょう。なんとこの「性奴隷（sex slave）」という言葉を発明したのは、戸塚悦朗という日本の弁護士なのです。韓国人慰安婦の対日補償請求運動を支援して、いわゆる「従軍慰安婦」問題や朝鮮人の戦時強制連行問題を国連にしばしば持ち込んでいた人物です。

トニー　その人物は、1984年から国連に議案を20本も持ち込んで提案したのに、どれもあつかってもらえなかった。ところが、「慰安婦」を『sex slave』と言い換えた瞬間に、みんな目の色をかえて飛びついた。自分が使い始めたんだ。すごいだろう」と、「テキサス親父日本事務局」のミスター藤木俊一に自慢したそうです。

室谷　韓国の外交当局が、公式に「性奴隷」という言葉を言い始めたのは2013

第1章　恐るべし！　韓国人がアメリカで仕掛ける「反日プロパガンダ」

年からです。実は中国、北朝鮮の〝毒〟が入った用語だろうに、反日なら何でもいいとばかりに韓国の政府は飛びついたのです。

トニー　ところが、性奴隷なんて大ウソで、それは軍について動く売春婦とわかった。だから、私は「慰安婦＝性奴隷」というワン・パッケージを、「慰安婦＝売春婦」というワン・パッケージに変えるために、一生懸命やっているんですよ。

## 退役軍人記念園で、アメリカ軍人の栄誉を汚している

室谷　韓国人は、誰かが発明したものを、自分が発明したことにしてしまうのが大の得意技です。そのワン・パッケージも、けしからん日本人の発明なのですが、まんまとパクって、アメリカにおける反日プロパガンダの有力な武器にしたわけです。

トニー　「慰安婦＝売春婦」であれば、あの少女像は「売春婦を讃える像」に違いないでしょう。私はそう主張していますよ。

ところが、呆れたことに、その売春婦像を、もっとアメリカに建てようじゃないかと考えている連中が多い。グレンデールに像が建ったときから1年ちょっとたった14

67

年8月、ミシガン州デトロイト市の韓国人文化会館前に建った。カリフォルニア州オレンジ郡フラートンの博物館前にも石碑を建てる計画がある。

**室谷** いや、本当に放っておけません。

**トニー** さすがに売春婦像は、余計にカネがかかるらしい。安くて済む石碑（プレート）は、もっといろいろな場所にある。設置され始めたのは売春婦像よりも先です。10年10月にニュージャージー州バーゲン郡パリセイズ・パークの公立図書館脇。12年6月にニューヨーク州ナッソー郡アイゼンハワー公園内の退役軍人記念園。12年12月にカリフォルニア州オレンジ郡ガーデングローブのショッピングモール前。13年3月にニュージャージー州バーゲン郡ハッケンサックの裁判所脇。14年1月にニューヨーク州ナッソー郡アイゼンハワー公園内の退役軍人記念園。これは12年に建てた慰安婦碑があったところ、さらに左右2か所に追加しました。14年5月にバージニア州フェアファックス郡の郡庁敷地内。14年8月にニュージャージー州ハドソン郡ユニオンシティ。

**室谷** じわじわ広がっていて、なんとも不気味ですね。どうですか？

第1章　恐るべし！　韓国人がアメリカで仕掛ける「反日プロパガンダ」

トニー　とりわけ、私が憤懣やる方ないのは、いくつかの退役軍人記念園で、こういう石碑を建てることです。「慰安婦＝売春婦」はアメリカ軍の退役軍人記念園ではないし、ましてアメリカ人でもない。それを記念する像や記念碑を、退役軍人記念園に建てることは、その記念園を汚すこと。それだけじゃない。アメリカのために戦った勇敢な米軍人たちの栄誉を汚すことですよ。

私は日本の友人で日本が大好きだけど、これは、別に日本や日本人に何の関心もなくても、アメリカ人であるならば、やめろと言わなければならない話なんです。

室谷　アメリカで韓国が仕掛ける反日プロパガンダの姑息さ、汚さ、ずる賢さが、よくわかりました。次の章では、日本人が知らないアメリカ社会の話をもっと聞かせてください。

## 第2章 わかった！日本人が知らないアメリカ事情

## 数年前からアメリカを対日情報戦の「戦場」と見定めた

**室谷** トニーさんが、アメリカに「慰安婦＝売春婦」祈念像や石碑がポコポコと建てられ始め、もっと建てようじゃないかという動きもある、と教えてくれました。古いもので設置が2010年だから、意外と最近の話ですね。

韓国や韓国系アメリカ人たちは数年前から、アメリカという国を、ここが日本を貶める反日プロパガンダを展開する場所だ――言ってみれば、アメリカこそが対日情報戦争の「戦場」と見定めて動き始めた。そう私はとらえています。韓国人や韓国政府、とくに韓国の朴槿恵政権は、アメリカを韓国側が日本を叩くには絶好の戦場だ、と見なしています。

ロビー費用は日本の2倍くらい注ぎ込んできたし、組織化された在米韓国人がいる。絶対有利と思っていたのに、安倍首相の演説を阻止できなかったので大ショックというわけです。

しかし、彼らは最後の最後まで、米国の圧力が奏功して安倍首相は米議会で謝罪す

第２章　わかった！　日本人が知らないアメリカ事情

ると信じていたようです。それでかどうか、朴槿恵大統領は４月下旬から１週間も、胃けいれんを起こして寝こんでしまった。一国の軍の統帥権者の病状がマスコミに載る――韓国には報道の自由がある（笑）。

**トニー**　たしかにバトルの場として無断使用しているのは事実。何度でも言いましょう（笑）。ここはアメリカだ！　この国で、アメリカとまったく無関係のバカげた情報戦なんて、やるんじゃない！

**室谷**　この章では、戦場にされてしまったアメリカ事情、日本人がよく知らないアメリカ社会の深層の真相を、トニーさんにうかがっていきたいと思います。

たとえば、コリアン・タウンはどうなっていて、韓国系住民は地元の市議会や州議会に、どんな影響力の行使をしているのだろうか？　そういうことをアメリカ人は、どんな目で見ているのでしょうか？

あるいは、カリフォルニア州選出の民主党下院議員で日系三世のマイク・ホンダという人物がいます。彼は慰安婦問題に熱心で、日本でもよく報道されるが、彼はアメリカでどう受け止められている人物なのか？　アメリカでよく売れている自動車メーカーのホンダと同じ名前です。そのことはアメリカ人の感覚からして、どう見えてい

るのだろうか、とかね。

**トニー** オーケー。何から話しますか？

**室谷** トニーさんは、ユーチューブで情報発信したり、グレンデール市の像を撤去する署名活動に取り組んだりしています。まず、そのことに対するアメリカ社会の反応は、どういうものですか？

**トニー** ふつうのアメリカ人は基本的に関心が薄く、反応もあまりない。「こら、トニー。お前はなんてことをやっているんだ」と怒る人はいない。けれども、「すばらしい、もっとやってくれ」とほめる人もあまりいない（笑）。

これは、前にも言ったように、日本がアメリカではポジティブなイメージで受け取られているうえに、多くのアメリカ人が慰安婦問題について聞いたことがなく、よく知らないから。

もちろん、マイク・ホンダ議員たちが推進する、日本政府に慰安婦問題の謝罪を求める下院決議のような動きを通じて、日本軍が女性たちを性奴隷にしていたと信じている人もいないわけではない。人口3億のアメリカには、もちろん大勢います。しかし、そんな人でも、問題を蒸し返して日本を懲らしめてやろう、とは思っていません

74

第2章 わかった！ 日本人が知らないアメリカ事情

よ。そんな何十年も昔の古い話は忘れよう、というのが一般的なアメリカ人の考え方でしょう。

## 日本の存在感のほうが、はるかに大きい

**室谷** すると、韓国人や韓国系アメリカ人の反日プロパガンダは、さほど功を奏していませんか？

**トニー** そう、アメリカという国全体を広く見わたせば。アメリカでは、いろんなところに日本に関連するものがあります。カリフォルニアの空港でも、看板や掲示などを見るとき、英語の次に目立つ表示は日本語です。中国語や韓国語ではありません。ハングルなんて、ふつうのアメリカ人には意味不明の記号としか見えず、韓国と関係があると知らない人のほうが多いでしょう。

**室谷** 日本の存在感のほうが大きいのですね。

**トニー** みんな寿司も和食も食べている。キモノ、タタミ、ワサビのように、英語でそのまま使われる言葉も多い。ツナミもそうです。

75

**室谷** そう言えば、日本にくるアメリカ人が、日本の文化についてとてもよく知っていて興味津々なのに、驚かされることがよくあります。たとえば、たまたま親から受け継いで使っている朱塗りの座卓を見て「わぁ、すごい。漆ですね」なんて、アメリカのヒッピーみたいな若者が言う。いや、ヒッピーみたいは、いくらなんでも古いか（笑）。

日本の若い連中が同じものを目にしても、古ぼけた木製の机としか思わないのですよ。私たちが何気なく使っている焼き物の器を、「これいいですねえ」とひっくり返して見るとかね。日本の若者は、家でも居酒屋でもふつうに出てくるから、逆にそういうもののよさに気づいていないのです。

**トニー** ありそうなことです。古い文化だけじゃない。アメリカには日本のアニメが溢れているけど、韓国のマンガやアニメなんて誰も知りません。

**室谷** 日本でも韓国アニメは見かけません。なぜか韓国ドラマというのは、日本のテレビでよくやっていますが、たぶん流すものがない穴埋め用ですね（笑）。安く買えるからでしょう。

**トニー** 2013年に世界的に大ヒットしたディズニー映画は『アナと雪の女王』で

第2章 わかった！ 日本人が知らないアメリカ事情

した。14年の映画『ベイマックス』の主人公はハマダ・ヒロです。舞台は原作マンガの日本から架空の街「San Fransokyo」に変更されたけど、これはサンフランシスコとトーキョーをくっつけたんだ、と子どもでも知っている。
アメリカ人がみんな、日本人というやつらは、戦争中に朝鮮人を性奴隷にした極悪人の子孫たちで、いまだに反省が足りない、なんて思っていたら、アメリカでこんな映画がつくられるはずがないでしょう。

室谷　それはそうですね。

## 日本人は、もっと自信をもつべきだ

トニー　日本人が、アメリカで展開されている韓国系住民たちの日本バッシングを心配する気持ちは、よく理解できます。だから私は、日本の友人のためにおかしいじゃないかと叫んでいるけれど、日本人や日本の文化はアメリカで尊敬されているし、いちばん高いレベルにあることも間違いありません。中国人や韓国人が何をやろうが、それそこは、日本人のみなさんは安心していい。

を揺るがすことはできない、と。というよりも、日本人は、もっと自信をもつべきだと思いますよ。

室谷さんが言うように、日本人は自分たちのよいところや優れたところに、あまり気づいていない。日本人は、自分のことを過小評価する傾向が、とても強いと思います。これは、韓国人とまったく逆ですね。彼らは自分のことを過大評価する傾向が、強すぎる（笑）。病的なまでに、常軌を逸している。

**室谷** それでも「慰安婦＝売春婦」祈念像や石碑が建つのは、特定の地域で、韓国人や韓国系アメリカ人の影響力が強いからですね。つまり票の力やカネの力で、地元議員たちをなびかせているのです。

**トニー** イエス。でも、グレンデール市の市議会で2014年10月、私は意見陳述をしました。そういう議員も、ほかのアメリカ人の話を聞く耳はもっている。

**室谷** 市議会から呼ばれたのですか？

**トニー** いや、グレンデール市民でなくても、申し込んで意見を述べることができるパブリックコメント制度を使った。韓国系アメリカ人たちが、慰安婦像の設置に大賛成とか、慰安婦像の撤去訴訟に大反対と、よく意見陳述していたから、私もそのマネ

第2章　わかった！　日本人が知らないアメリカ事情

2014年10月21日、米カリフォルニア州グレンデール市の市議会で、テキサス親父が意見陳述を行った。事前に届け出れば、誰でも意見を述べることができるこのパブリックコメント制度は、慰安婦像の設置を審議する際や、在米日本人らが慰安婦像撤去訴訟を起こした際、韓国系住民が日本バッシングを展開するために利用した制度でもある。
テキサス親父がグレンデール市を訪れることは非公表だったため、反日的な韓国系住民の姿はなかったという。

をした(笑)。

**室谷** どんな意見を述べたのですか？

**トニー** 「グレンデール市の公園にある慰安婦像は、日本人の名誉を毀損し、彼らを侮辱している」と。ただし、結果的にはそうでも、「像を設置することを認めたあなた方の目的は尊い」と、市議会議員たちに話しました。一部の人びとの妄想を信じてやったことだとしても、その親切な意図は間違っていない、とね。続けて、私はこう言った。

「最近、韓国で新しい慰安婦のグループが、自分たちの政府に1950年から1992年の間に強制的に慰安婦にさせられた、と主張している。いまやグレンデール市は、日本や日本の人びとに対して、自分たちに一貫性があることを表明するチャンスだ。現在建っている慰安婦像が、日本を侮辱する目的で設置したわけではない、と証明できるではないか」と。

**室谷** 2014年6月に、韓国女性120人以上が、韓国政府を相手取って、朝鮮戦争以後に在韓米軍基地の周辺で米兵に売春をさせられたことに対する賠償を求める訴訟を、ソウル中央地裁に起こしました。その話ですね。

これについては、09年1月7日に『ニューヨーク・タイムズ』(電子版)が報じた

80

ことがあります。インタビューに応じた元慰安婦の女性によれば、韓国政府はアメリカ軍の「巨大なポン引き」(one big pimp) でした。

朴正熙大統領、つまり朴槿恵・現大統領のオヤジの時代は、とても貧しくて外貨が不足していたから、慰安婦たちを「愛国者」とばかりに称賛していました。

**トニー** そうそう。慰安婦像の脇の石碑には、20万人以上のアジアの女性たちが日本軍に性奴隷にさせられた、とある。グレンデール市がこれを「歴史」として認めるなら、在韓アメリカ軍の慰安婦も同じように祈念し、慰めなくてはならない。そこで、私は提案しました。

「新しい慰安婦のグループのために、二つ目の像を考えたらどうか。いま建っている慰安婦像の隣に、米兵の相手をさせられた韓国人慰安婦のための大理石の記念碑を設置したらいいのではないか。ぜひ建てるべきだ」と。

**室谷** そりゃあ結構な提案です。かつて像の設置に賛成した市議会議員たちは、どう反応しましたか？

**トニー** サンキュー（笑）。設置に反対した議員が一人いたんですが、その人は私の名前を聞いていました。

**室　谷**　会議場前に韓国系住民が集まって文句を言うようなことは、なかったのですか？　大丈夫でしたか？

**トニー**　もちろん。そんな連中と顔を合わせるのはゴメンだから、ニンジャみたいに影を潜めて、黙ってグレンデール市にいった（笑）。

**室　谷**　なるほど、トニーさんの作戦は、とても参考になります。つまり、韓国系アメリカ人に同情し味方しているアメリカ人に対して、「あなたは間違っている」とは主張しない。代わりに、「あなたは、いいことをしたのだから、もっといいことをしたら」と持ちかける。

それによって、日本側の主張を韓国側の主張と並べて、彼らの主張を相対化する道が開ける。入り口のところで、アメリカ人にいきなり「間違っている！」と言うと、向こうもカチンときて、ドアを閉めてしまいますからね。

## グレンデール市は、韓国系住民が多いわけではない

**室　谷**　そのグレンデール市というのはアメリカ西海岸、ロサンゼルスから北に15キ

第2章　わかった！　日本人が知らないアメリカ事情

ロほど離れた郊外都市。人口は20万人くらいですね。私は、ここに韓国系住民が大勢住んでいるのかと思ったら、いちばん多いのはアルメニア系住民だそうですね。ロサンゼルスの次にアルメニア系が多い。

**トニー**　ええ。ところでアルメニア系って、どこだっけ？

**室谷**　西アジアの南コーカサスにある小さな国です。ロシア、トルコ、イランの三つの国にはさまれたところで、昔オスマン帝国（現トルコ）によるアルメニア人虐殺事件がありました。

**トニー**　そうだった。たしかアルメニア系の人口は5万人以上で、グレンデール市民の4人に1人がアルメニア系です。彼らは当然、マイノリティ問題や人権、差別問題などには敏感です。韓国人だけに味方して日本人を敵に回す理由は、とくにないはずですが、虐げられたほうを応援したい気持ちはあるでしょう。韓国系は1万2000人くらいですね。

**室谷**　私が想像していた数より、ずいぶん少ない。

**トニー**　グレンデール市は、アルメニア系や韓国系の支持を受けて、民主党の牙城になりやすい場所。そして、韓国系住民というのは、バラバラにならず一団となって突

83

き進む。この点、日系人よりはるかに積極的、行動的です。

**室谷** カネ集めにせよ、選挙運動にせよ。

**トニー** それが地元の議員たちを動かす。「慰安婦＝売春婦」祈念像や石碑を建ててよいと許可すれば、いろんなトラブルの種になるだろうということは、政治家もわかっている。だけど、連中はカネに目がくらんでしまった。なんか、日本語でそんな言葉があったでしょう。どうしても必要なことのために、他のことを犠牲にするのは仕方がない。

**室谷** 日本では「背に腹はかえられない」と言います。

**トニー** 献金や一票が「腹」で、いちばん大事なんだ（笑）。それをいっぱいため込むから「腹黒」になっちゃう。

## 韓国系は、目標ができるとガッチリ一つに固まる

**トニー** 韓国系が日本人よりはるかに積極的、行動的というのは、前にもちょっと話しましたね。日系アメリカ人は、戦前に移住してきたから、戦前の日本がやったこと

84

第2章　わかった！　日本人が知らないアメリカ事情

に、関わりたくない。古い人たちは、ただ日本人やその子孫という理由だけで、戦争が始まると収容所に入れられて迫害された経験がある。だから、当然その話には触れたくないでしょう。

しかも、アメリカにきて長い年月がたっているから、アメリカ社会に溶け込み、すっかりアメリカ人になりきっている。だから日系人がグループをつくって何かをアピールするとか、誰かを攻撃するという話は、聞いたことがありません。

**室谷**　何代か前の祖先がきてから100年以上でも全然、珍しくありません。慰安婦像に反対を叫ぶ日系人は、戦後や比較的最近になって移住してきた人が多いから、日系人のなかでは少数派ですね。

**トニー**　韓国系アメリカ人は、1965年以降、それもベトナム戦争以後の移住が大部分だから、まだまだ韓国を祖国と思っていて、アメリカ人になりきってない。韓国系は、自分たちのコミュニティをつくって、そこからあまり出ない。そして、意見の食い違いが多少あっても、何か目標ができれば、それでガッチリ一つに固まって、協力しながら攻撃をしかける。

## フラートン市では、議決されたとガセネタが流れた

**室谷** たとえば像を建てよう、という目標ですね。韓国系住民の主張が通ってしまうわけですね。

**トニー** おカネについては、どうも怪しい話もある。グレンデール市に像を建てたのと同じ「カリフォルニア州韓国系アメリカ人フォーラム」という連中が、カリフォルニア州オレンジ郡フラートン市でも像を建てようと画策した。

2014年の秋には、『クーグルTV』とかなんとかいうメディアが、市議会が3対2で議決し、フラートン市でも新たな像が建つと決まった、と報じた。このニュースはインターネットやSNSを駆けめぐって、その像を建てるためのカネ集めが進んでいる、と。

10月21日のフラートン市議会の議決がそうだ、という話だったから、私は議事録を調べた。何度も念入りに読み返しました。ところが、何が抜けていたか？　慰安婦問題に関するいかなる決議も行われてなかった。それらしいものは、まったく見つから

第2章　わかった！　日本人が知らないアメリカ事情

## 市長には韓国にきてもらって接待攻勢？

室谷　一部分だけを出していないのですか？　それとも市長か市議会議員か、誰かが隠したということですか？

トニー　いやいや、違う。誰も何も隠していません。ただ、その日に議決そのものがなかった。私はカリフォルニア州オレンジ郡の記者とも話したけれども、「そんな決議は市議会では行われていません。市がそのような像を建てる予定も、いまのところはありませんよ」と言っていた。誰かが、事実でない話を吹聴して、カネ集めまで始めているわけです。

室谷　市議会や市役所は、一切タッチしていないのですか？

トニー　いや、しています。14年8月のフラートン市議会では、韓国系アメリカ人フォーラムが提案した、慰安婦問題を人身売買として日本政府を非難する決議案をチャフィー市長、シーボン副市長を含む3対2の賛成多数で採択しています。フローリー

氏とウィテカー氏は反対、この二人だけがまともなアメリカ人だった（笑）。
ところが、これは、像を建てるかどうかを決めるのは、市長でも市議会でもなくて、20人くらいで構成する博物館委員会。その博物館側が判断するまでに、決議を採択するとか、いろいろと既成事実を重ねていく。
メディアには「決まった」というガセネタを流して、カネ集めを先行させる。実はチャフィーという市長は2014年3月に韓国に行き、姉妹都市の龍仁市を訪問したり、韓国与党の大物国会議員と会ったりしている。

**室谷** ああ、その費用を負担するとか、お膳立てをしているわけですね。韓国に行けば当然、御馳走になっただろうし、お土産ももらったでしょう。通常の外交儀礼以上に、どんな楽しくすばらしい接待があったのでしょうか？（笑）

**トニー** ハッハッハッ。われわれが「妄想」するようなことはなかったはずだ、と信じましょう。ただ、問題は市長だけじゃない。フラートン市を選挙区の一部としている下院外交委員長のエド・ロイス議員も、グレンデール市の像に献花するというパフォーマンスを見せる。するとシーボンという副市長が、ロイス議員も自分たちを応

88

## 第2章 わかった！ 日本人が知らないアメリカ事情

援していると宣伝する。

**室谷** ロイス議員は最近、「竹島は韓国領だ」と言って参戦範囲を広げています。こういう人を狙って、韓国側はまさにあの手この手で、官民も連携し、韓国でもアメリカでも連携して、反日プロパガンダ大作戦を展開しているわけですね。

**トニー** そのとおり。

**室谷** それに乗せられてしまうアメリカの地方議員も情けない。日本人はみんな、アメリカという国は「正しいデモクラシー（民主主義）を教えてくれた」と思ってきました。しかし、像の建つプロセスを見ると、デモクラシーなんて微塵もない。どいつもこいつも、カネの亡者ではありませんか。これには失望させられますね。

## アメリカの「コリア・タウン」はこうなっている

**室谷** 話は変わりますが、アメリカ各地の「コリア・タウン」について教えてください。現状はどうなっていますか？ アメリカにいる韓国人は200万人、不法滞在者も含めると300万人近いとも言われています。韓国以外で、韓国人がもっとも多

くいる国がアメリカですね。次はもちろん日本でしょうけど。

トニー　韓国系がいちばんたくさんいるのは、アメリカ西海岸、カリフォルニア州ロサンゼルスのウィルシャーと呼ばれる地区です。ここは世界最大のコリア・タウンでしょう。東側がダウンタウンで、北にハリウッド、西にビバリーヒルズ、南にはサウスセントラルがある。前に話した1992年のロサンゼルス暴動で韓国系の商店が襲撃されたのは、この地区です。

それからロス郊外にグレンデール、フラートン、ガーデングローブなど、韓国系が多い街がいくつかあります。カリフォルニア州では、サンフランシスコ湾に面したオークランドも多い。

室谷　オークランドは、戦前に日本人移民が大勢住んだところです。

トニー　もちろん日系人も多い。アメリカ東海岸では、ニューヨーク州ニューヨーク市。マンハッタン32丁目に韓国系企業やレストランがたくさんできて、コリア・タウンとして賑わっています。クイーンズ地区にも韓国系が多い。ニューヨーク近郊ではニュージャージー州バーゲンあたり。

室谷　トニーさんの住むテキサス州は、どうなのですか？

第2章 わかった！ 日本人が知らないアメリカ事情

**トニー** ダラスには、はっきり「コリア・タウン」と呼ばれている地区はありませんが、市内の北西に韓国系の商店や、ドギツい風俗店が集まっている一角があります。

アメリカ南部ではジョージア州アトランタも韓国系が多い。

ただ、西海岸や東海岸は人種ごとにエリアが固まっている場合が多いが、アメリカ中部や南部はそうでもない。ダラスなんかも、アジア人が多い一帯があるんだけれど、そこには韓国だけでなく日本だろうがタイだろうがアジアのものなら何でも売っているという感じです。

**室谷** いま韓国系の風俗店があるとおっしゃったね。先ほども少し述べましたが、韓国には風俗というか売春の「海外進出」という伝統があります。韓国という国は、文化侵略なんていうのは大したことはありませんが、いま、そうした伝統を世界中にバラまいている、と私は見ています。その悪影響が大きいのでは？

**トニー** 私は、仲よくしたことがないので、あくまで人から聞いた話ですが（笑）、アメリカには韓国人売春婦が大勢いるとされていますよ。米韓間のビザをなくしたときから、アメリカに大量に押しかけてきたんです。アメリカの地方警察は、これが大きな悩みの種の一つで、社会問題化しています。でも、日本にも大勢いるんじゃない

韓国から米国への移民は1903年に始まった。1965年、同盟国・大韓民国からの大量移民をアメリカが認め、移民数が激増した。現在、在米韓人数は約200万人に達する。カリフォルニア州ロサンゼルスのウィルシャー地区は、世界最大のコリア・タウンとして知られている。

©Ted Soqui/Ted Soqui Photography/Corbis/amanaimages

第２章　わかった！　日本人が知らないアメリカ事情

ですか？

**室谷**　売春は世界中どこにでもあるわけですが、韓国の場合は規模が違いますね。アメリカだけでなく日本にもオーストラリアにも、彼らは世界中に売春の伝統を振りまいているようです。

**トニー**　日本はトヨタやホンダが代表する優れた自動車、ソニーやパナソニックなどの家電や情報機器、ニコンやキヤノンのカメラなどを世界中に輸出して、成長してきた。その後を追って韓国もサムスン、LGが代表する情報機器を輸出している。でも韓国の場合はそれだけではなく、世界中に「売春文化」を輸出し、成長してきたんですね。韓国ではかなり最近まで、売春が外貨を稼ぐための国家的な事業の一つに位置づけられていた節があるでしょう。

**室谷**　いや、いまでもそうです。売春は国内の大産業です。そして輸出産業です。さすがに韓国の大手新聞も「恥ずかしいことだ」と事実を認めていますが、いっこうに減る気配がありません。2004年に売春防止法が成立したのですが、大ザルです。警官は、それを黙認することで金を稼ぐのです。

韓国側からの虚言で貶められている日本ですが、その韓国のネガティブな事実を、

事実として述べることは、日本のメディアにとってはタブーに近いことでした。だから、いま話したようなことは日本ではほとんど語られていませんでした。

朝日新聞が典型ですが、日本のメディアの多くは左派が支配していて、国内から日本を攻撃して喜ぶ自虐派の牙城です。「進歩的知識人」と呼ばれるブルジョア左翼が、そこでは依然として発言権を確保している。韓国のマスコミは、そういう人びとの意見ばかり引用報道するので、韓国人の多くは、ごく最近まで「安倍一派は少数派だ」と思っていたのです。

## 韓国系の活動を、中国系が側面や背後からサポートしている

室谷　ところで、韓国系アメリカ人は、中国系アメリカ人たちに指導を受けているといったらいいのでしょうか、緩やかな連係を図っているというか、そんな印象を、私は強く受けるのですけれども。

トニー　どんな問題についてですか？　カテゴリーで言うと？

室谷　たとえば政治とか、政治的な運動において。

## 第2章　わかった！　日本人が知らないアメリカ事情

**トニー**　反日に関して言えば、たしかにそれはあります。もちろん韓国系そのものが自発的に、日本や日本人に対して憎悪を向けているけれども、それに対して側面や背後からサポートしているというかな、そういうことは見受けられます。でも、それはあくまでも東海岸や西海岸の場合ですよ。中部や南部アメリカでは、そんなことはないですね。

**室谷**　「慰安婦＝性奴隷」像設置運動の資金の一部は中国からきている、つまり、背後に中国共産党がいるということではないですか？

像や石碑は、日本を貶めることで日本とアメリカの間に亀裂を生じさせ、日本と韓国の間の亀裂をなおいっそう広げるものです。本来ならば同じ自由主義的な資本主義経済国で、軍事的にも日米・米韓それぞれ同盟関係を結んでいる日本・アメリカ・韓国が、互いに激しく対立するのを見て、いちばん喜ぶのは誰なのか？　中国と北朝鮮です。日米韓のトラブルが過熱することほど、彼らにとって喜ばしいことはないからね。

**トニー**　私もそう思います。もっとも、韓国側の立場に同調するすべての中国系アメリカ人が中国共産党政府を支持している、とは考えられません。中国もかつて日本に攻め込まれたから、日本に併合された朝鮮半島に同情する――政治的というよりは純

粋に感情的な動機から活動する人が多いのでしょう。彼らは中国政府に利用されているわけです。

## 中国系もサンフランシスコで「慰安婦＝性奴隷」像の設置計画を始動

**室谷** これは産経新聞が2014年8月末に報じたことですが、今度は韓国系アメリカ人にならって、中国系アメリカ人たちが、カリフォルニア州サンフランシスコ市で慰安婦像の設置に向けて動き出しています。

記事によると、中国系の準備委員会が像の設置場所として選んだのは観光名所の一つでチャイナタウンの中心にある「ポーツマス広場」で、市が進める広場の再開発事業に合わせて像を設置しようとしています。像のデザインは慰安婦を思わせる女性の胸像で、その下に「日本軍によって強制的に性奴隷にさせられた数十万人のアジア女性の痛みを忘れない」という趣旨の碑も設置するという。

**トニー** これまでの「慰安婦＝性奴隷」像は全部、韓国系のものだから、これは中国系の第一号ですね。

第2章　わかった！　日本人が知らないアメリカ事情

**室谷**　どうやら、そうなるかもしれません。サンフランシスコ市は12月まで広場のデザインなど再開発案を一般募集します。準備委員会は署名を集めたうえで、市側に像設置の計画案を提出する。委員会は中国系のエド・リー市長にも直接、像設置の計画案を送付するという話です。

**トニー**　だから、私は同じことをまた、叫ばなければならない（笑）。ここはアメリカだ！　売春婦も性奴隷も、アメリカやアメリカ人とは関係ない。やめろ！

**室谷**　産経記事は、こんな中国系メディアの見方も伝えています。準備委員会の関係者は「韓国系団体とも連携を取り、支持を求めていく」としている。関係者によれば、カリフォルニア州を拠点として反日宣伝活動を行う中国系団体「世界抗日戦争史実維護連合会（抗日連合会）」が準備委員会を支援していて、中国系のサンフランシスコ市議も像設置案への支持を表明しています。

つまり、慰安婦問題の反日プロパガンダ勢力が「戦場」とするアメリカで、中国と韓国の連携や共同作戦が、ますます強化されかねない状況です。これを私は大いに心配しています。

**トニー**　米海兵隊の教本に「位置を見つけ、しかるのち優越した火力で圧倒する」と

ある。そんなふうに潰していかなければダメでしょう。

## ロビイストによるロビー活動が制度化されているアメリカ

**室谷** アメリカ西海岸の地方議員は、韓国系や中国系住民の意見を入れて、日本だけを悪者にする像や石碑を建てることに賛成しているわけです。日本でも、政治家が支持者のさまざまな要望や要求を聞き、それを優先的に解決する「陳情政治」というものが、長い伝統として幅を利かせています。
　鉄道や道路を引くとか工場を誘致するとか、地域の大多数が望むことなら、まだ理解できますね。ところが、国会議員が秘書を通じて、支持者の子弟の就職や進学の世話をしたり、交通違反の見逃しに手を貸したりということすら、珍しくありません。選挙民のごくごく「私的な陳情」まで面倒を見るわけです。

**トニー** ほう、そうなんですか。

**室谷** 日本の政治家は、陳情の処理だけでなく、選挙民へのサービスをいろいろとやります。最近も元首相の娘である国会議員が、自分の事務所で支持者の東京観劇ツ

第2章　わかった！　日本人が知らないアメリカ事情

アーを斡旋したとか、地元住民にワインをプレゼントしたというので騒がれました。

トニー　そりゃあ、うらやましい。おかしいな。私のところには届いていないようですよ（笑）。

室谷　いずれにせよ日本では、陳情というのは、建前としてはよいことと思われていません。陳情するからにはカネも渡しているのだろう、政治家と癒着して利益誘導を図っているわけだ、と思われてしまいますから。

だから、自治体のトップが中央政府に地域の要求を持ち込んだり、農民がむしろ旗を立てて議会や役所に押しかけたり、デモンストレーションとしてやる以外、日本では大っぴらには陳情しないものなのです。

トニー　うわさに聞く「料亭」で、目立たないようにやるんですね（笑）。

室谷　そうそう（笑）。ところが、アメリカでは議員や役人に対するロビー活動が活発で、ロビイストという専門職が成り立っています。このことは、日米の政治の大きな違いの一つですね。

トニー　アメリカでは、企業、業界団体、利益団体などが自分の主張を訴え、政策に反映させるためにロビイストを雇います。ロビイストとして登録することが法律で義

99

務づけられているんです。議会に対するロビー活動だけでも、ロビイストは３万人か４万人くらいるでしょう。

## 日本のロビー活動は、消極的、受動的でおとなしい

室谷　そのロビー活動についてうかがいたい。中央でも地方でも違い、人種によっても違うと思いますけれども、たとえば中国系住民のロビー活動というのは活発なんですか？

トニー　とくに地方では、黒人、ヒスパニック（メキシコ出身が多い）、アジア系などそれぞれの住民たちが、自分たちの要求を入れてくれそうな市長や議員を選挙で勝たせ、それに対して熱心にロビー活動をする。ワシントンで企業や団体が行うロビー活動とは違って、人種ごとに行われるわけです。これを非常に活発にやっているのは、黒人とヒスパニックですね。

しかし、韓国系のロビー活動というのは、黒人やヒスパニックのものとは、かなり特異に見えます。黒人とヒスパニックが主張するような、彼ら全体の地位向上や差別

第2章 わかった！ 日本人が知らないアメリカ事情

解消を図る活動があまりない。ロビー活動が日本叩きに使われていることが多いと思います。

室谷　トニーさんから見ると、日本のロビー活動はどうですか？

トニー　日本人や日系人のロビー活動は、あまり活発には見えません。日本人は、自分たちの立場をよりよくするために積極的な、あるいは攻撃的なロビー活動をすることが、ほとんどないようです。それこそ韓国系から攻撃されたり、日本企業が何か問題を起こしてしまったりしたとき、それ以上自分の立場を悪くしないように、受動的なロビー活動をすることはありますね。

ようするに日本人は、アメリカでは、ほかに誰かにとってマイナスになる、ネガティヴな行動を、自分たちから始めることがない。だから、私は日本のことが好きなんですよ（笑）。

## 精神や文化に根づく消極姿勢だから、容易には変わらない

室谷　ハッハッハッ。それは、うれしい。でも、喜んでばかりはいられません。お

となしい日本人の消極的なロビー活動のせいで、韓国系や中国系の主張ばかりが通ってしまっては、これは困ります。

日本や日本人、あるいは日系人が、アメリカで彼らが仕掛ける「情報戦」で劣勢に立たされているのは事実です。これからアメリカで、どんなロビー活動を展開すべきですか？

**トニー** そこは、とても難しい。日本人が受動的で、自分から騒ぎを起こしたり、波風を立てたりしないのは、日本人の精神や文化や伝統と、深く関わりのある行動様式ではありませんか？

たとえば、3・11東日本大震災のとき日本人たちは、いつ到着するかもわからない電車やタクシーを、整然と列をつくって静かに待っていた。それに、日本では商店の襲撃や略奪事件がまったく起こらなかった。このことは世界から驚きの目で見られ、日本人はすばらしい、と賞賛されたでしょう。

**室谷** そうでしたね。

**トニー** でも、そういうことも、日本人の精神の奥深い部分と関係があるでしょう。その精神文化は簡単には変えられないし、その精神文化こそが、世界的に見てもユニーク

第2章　わかった！　日本人が知らないアメリカ事情

な日本人のすばらしさなんです。精神や文化が同じままで、ロビー活動のやり方だけ変えて攻撃的にやるというのは、難しいと思いますよ。

## 民主党のマイク・ホンダ下院議員の影響力は？

**室谷**　マイク・ホンダという日系議員は、アメリカでどの程度の影響力をもっていますか？　さっきも言ったように、ホンダは自動車やバイクのホンダで、アメリカ人にとっては日本の象徴のようなものかも。すると、日本人の子孫であるホンダが主張していることは、つまり日本人の主張とほとんど同じだろう、というように思うアメリカ人がいるのかどうか。

彼は、こんなことも言っています。韓国紙に載った話ですが、「ヒラリーが大統領になって朴槿惠とともに安倍を批判し、安倍が謝罪する姿を想像すると楽しい」と。この人、本当に日系人なのか。だとしても病的なサディストとしか私には思えません。

**トニー**　まずカリフォルニア州というのは、完全にリベラルなところで、民主党が抑えている地域です。そこの民主党の下院議員だから、それなりの影響力があると言え

ますね。

ただ、彼は日系三世といい、風貌は日本人だし、ホンダという名前も名乗っていますが、だからといって、彼の主張と一般的な日本人の考えを結びつけることは、アメリカ人はしませんよ。そもそもアメリカ人は、みんな○○系×世なんだから（笑）。そういう考え方のアメリカ人だ、と思うだけでしょう。

**室谷** そう言われれば、そのとおりです。みんなドイツ風、イタリア風、アイルランド風の名前だし、それをいちいち出身国と結びつけていたらキリがありません。

**トニー** 沖縄に行ったら、キャンプ・シュワブで「フェンス・クリーン・プロジェクト」といったかな、共産党なんかの息のかかった連中が、フェンスにバナーを貼ったり、リボンを結びつけたりしていた。アメリカ人も一人、一生懸命やっていたけど、そういうのが好きなアメリカ人もいる。日本や日本人を攻撃する日系人もいるし、自分の選挙区で日系より韓国系の有権者が多ければ、そちらに加担する日系政治家だっているでしょう。

**室谷** ホンダ議員は中国系からも支援されているようですね。2007年に産経新聞が、06年選挙のとき、マイク・ホンダ議員が中国系アメリカ人から94人、計約11万

第2章 わかった！ 日本人が知らないアメリカ事情

ドルの献金を受け取っていた、と報じたことがあります。人数で21％、金額では30％が中国系からのものだった、と。

たとえば、中国系の世界規模の団体「世界抗日戦争史実維護連合会」、中国政府に政策提言する「人民政治協商会議広東省委員会」、日本軍の残虐性を糾弾する「アジア太平洋第二次大戦残虐行為記念会」、南京大虐殺紀念館をアメリカにつくろうとしている中国系組織「中国ホロコースト米国博物館」などが、彼を支援しています。記事を書いた古森義久記者は、ホンダ議員の日本に関する一連の行動の裏には中国系の力が働いている、と言っています。

トニー　イカれた団体ばかりだけど、きっとそうなんでしょうね。

## 朝日新聞「慰安婦報道」検証は、アメリカ社会には届いていない

室谷　日本では、朝日新聞が過去の慰安婦報道を検証して、32年ぶりに訂正した、と前章で話題にしました。これは日本では大騒ぎになりましたが、アメリカには、どう伝わりましたか？　それとも誰も知らない話ですか？

105

トニー　朝日新聞が訂正したことは、アメリカでは、とくに大きなニュースにはなっていません。朝日新聞はじめ日本のメディアについて、そもそもアメリカ人は興味がないし、よく知らない。慰安婦のことも知らないから、朝日が古い記事を訂正してもアメリカのメディアは取り上げない。ようするに、アメリカ社会には届いていないですね。

室谷　朝日の問題は、ちゃんと伝わっていないのですね。

トニー　太平洋の向こう側の島でオナラをしたくらいの話にすぎないから。アメリカでは、「Shit hits the fan.」と言います。ウンコが扇風機にあたって飛び散れば、これは周囲のみんなが巻き込まれるたいへんな事態。とくに隠していた秘密がバレて大衆が大騒ぎし、窮地に追い込まれるような場合に使われる。扇風機から遠く離れていくらウンコやオナラをしてもダメなんだ。ハッハッハッ。

室谷　なるほど。ウォーターゲート事件のときのニクソン大統領なんか、そうなってしまいました。アメリカでは、一部とはいえ、地方の政治家や首長などが、韓国系アメリカ人たちの味方をして日本を貶める運動を一生懸命やってきているわけですが、彼らは、自分たちの主張の根本のところにある朝日新聞の報道が否定されたことに、

第2章　わかった！　日本人が知らないアメリカ事情

何の興味もないし、よく知らないわけですね。

トニー　もともとアメリカ人は、当事者でも何でもないから。さきほど、韓国女性が在韓米軍の米兵に売春をさせられたことへの賠償を求めて韓国政府を訴えた、という話が出たでしょう。

室谷　いわゆる「洋公主（ヤンコンジュ）」たち——朝鮮戦争やベトナム戦争があったころ、韓国やベトナム戦地で、米軍兵士に対して性的に奉仕した韓国人慰安婦の問題ですね。とくにベトナム戦争のときの動員は、韓国軍による正規「隊員」としての徴集があった、という説もあります。

それとは別に、韓国軍はベトナム女性をまさに奴隷にして自前の「トルコ風呂」を運営していました。

トニー　洋公主のほうですが、韓国の裁判所は、政府の意向を忖度しておかしな判決を出すことがよくあるようだから、門前払いされたり、韓国政府よりの判決が出たりするかもしれない。そのとき彼女たちは、訴える先をアメリカ政府やアメリカ軍に変える可能性があるでしょう。

室谷　そうか。そのときは、ウンコが扇風機にあたって飛び散りかねないのですね。

トニー　イエス。

## 朝日新聞は誤報の影響が消滅するまで訂正広告を出せ

室谷　私は、2014年に朝日新聞がやった「従軍慰安婦報道」の検証と記事の取り消しは、日本国内での「理念的な戦争」の大きなターニング・ポイントだ、と考えています。

トニー　でも、朝日新聞は、ちゃんとした謝罪はしなかった、と聞いています。そうでしょう？

室谷　朝日新聞というのは謝罪はしません。代わりにずーっと言い訳をしています。とにかく謝ることなく言い訳して、挙げ句の果てに居直る。これ、まさに韓国の国民性と同じなのです。日本には「ゴメンで済むなら刑務所はいらない」って言葉があるのですがね。

トニー　どの国の新聞も、広告主に大きな影響を受けますね。日本ではアパホテルに泊まることが私は多いんだけど、アパホテルは、朝日新聞がちゃんと謝罪するまで広

108

## 第2章　わかった！　日本人が知らないアメリカ事情

告を出さない、と言ったでしょう。

室谷　それは知っています。でも、朝日新聞はまだ「ごめんなさい」とは、いっていません。謝罪するだけじゃない。償いをしてもらう必要があります。朝日が昔報じた記事によって日本がダメージを受け、大きな不利益を被ったのですから。

トニー　どんな償いをすれば、みんな納得しますか？

室谷　たとえば、スリランカに行って、国連人権委員会の決議に基づいていわゆる「クマラスワミ報告書」（1996年2月5日の「女性への暴力に関する特別報告書」、同年1月4日の付属文書1「戦時における軍事的性奴隷制問題に関する朝鮮民主主義人民共和国、大韓民国および日本への訪問調査に基づく報告書」など）をまとめたクマラスワミおばさんに会い、報告書が引用した間違いについて丁寧に説明し、彼女に報告書を取り下げさせることです。

トニー　国連人権委員会の人たちというのは、真実と向かい合う姿勢がないから、難しいでしょうけどね。

室谷　そうでしょう。事実の検証より、自分の思い込みを優先させる人びとですか

らね。日本の左翼も、その仲間です。最近の彼らは"知的な装い"すらできなくなっています。

## 戦争を煽った日本の新聞は、プレスコードで姿勢を一変させた

**室谷** 朝日新聞は、ほかの新聞もみんなそうですが、戦前は軍国主義の塊だったわけです。「大本営発表」という軍の発表を大々的に載せ、大衆を戦争に煽り立てました。

**トニー** それは聞いたことがあります。

**室谷** 日本がハワイのパールハーバーを攻撃して太平洋戦争を始めた（1941年12月8日）ときの総理大臣は東條英機です。極東軍事裁判で絞首刑にされた陸軍軍人ですが、10月18日に首相になりました。日本の新聞は戦後、東條をはじめとする軍部が日本を戦争に引きずり込んだと主張して今日に至っていますが、とんでもありません。どの新聞もみんな"腰抜け東條""勝てる戦を何故やらぬ"といった感じで書いたのです。

そんな日本の新聞が、なぜ戦争に負けた瞬間から、自分たちの責任はさておいて、

第2章　わかった！　日本人が知らないアメリカ事情

戦前の軍部批判に一変してしまったのか。これは、まさにアメリカ軍の指導を受け入れた結果なのです。プレスコードを作成したGHQの民政局は共産主義者が握っていたのです。GHQの中の異端の集まりだったのです。

トニー　プレスコードが、戦後日本のメディアに大きな影響を与えたことは、室谷さんの言うとおりでしょう。でも、アメリカを見てください。アメリカの新聞社を見れば、アメリカにはプレスコードなんかないにもかかわらず、日本と同じような状況ではないですか？

アメリカが敗戦国の日本に出したプレスコードだけが、問題なのではなくて、日本もアメリカも含めて世界のニュースメディアが、左のリベラルなほうに寄っていっている。

室谷　うん、それもあります。しかし、日本の場合は、プレスコードが戦後の大きな出発点になりました。文化人や知識人、学者、新聞記者といったインテリたちというのは、戦争中は「鬼畜米英」を叫んだけれど、もともとが欧米の本や文化をいち早く読んで翻訳し、さも自分の考えのように広め、大衆を導いてきたわけです。江戸時

トニー　日本の場合は、それがトリガーになったんですね。

代の末期からそうだし、戦後も、いまもそうですよ。

## アメリカの新聞に反日記事を書く人たち

室谷　トニーさんが言うように、アメリカを代表する新聞の『ニューヨーク・タイムズ』や『ウォールストリート・ジャーナル』には、よく一方的な反日記事が載りますね。

トニー　『ニューヨーク・タイムズ』は完全に極左の新聞。日本の安倍晋三首相を極右あつかいしているでしょう。『ウォールストリート・ジャーナル』は、まだ真ん中に近い。真ん中にいるから、右の人も左の人もどちらも書く新聞でしょう。

室谷　だけど、『ニューヨーク・タイムズ』は、たとえば日本人の名前を名乗っていて実はカナダ籍韓国人なんていう記者のレポートを載せます。ストリンガーといって新聞社の支局の助手みたいな記者だと思いますが。日本人から見ると、なんでアメリカの新聞はあんなことをするのか。なんとも不可解です。

トニー　でも、室谷さんに反論するわけではありませんが、アメリカの新聞で記者を採用する人に、その人物が日本人らしい名前だけど実は韓国系なんて、どうすればわかりますか？　日本人は欧米人を見ても、どの国の人かあまり見分けがつかないでしょう。それと同じで、アメリカ人はアジア人を見ても、あんまり見分けがつかないんですよ（笑）。

だから、日本人のみなさんが、この記者は日本名を騙っている韓国人で、アメリカの新聞という場を借りて自分の主張を広めている、ということをわかっているのであれば、それをきちんと新聞社に伝えたほうがいい。

たとえば私は、インチキ反捕鯨団体「シーシェパード」のリーダーであるポール・ワトソンのウソを以前からずっと暴いてきて、とんでもない話だ、と叫び続けていますが、日本のみなさんは、あまりやりませんよね。なぜですか？

室谷　最大の理由は、やっぱり英語が苦手だから（笑）。ただ、みんなだんだんわかってきたから、どんどん出てくるでしょう。「真実」というのは、水の中の死体と一緒。必ず上がって

トニー　それはいいこと（笑）。

**室　谷**　朝日新聞が32年も隠し通してきたウソが、どうにもならなくなって上がってきたようにね。

## 韓国系市民への政治家の迎合を危ぶむ声も

**室　谷**　もっとも、アメリカのメディアにも、韓国系アメリカ人への過剰な肩入れを警告する声がありますね。たまたま私が知った一例を挙げましょう。

2014年8月19日付の『ワシントン・ポスト』(電子版)は、アメリカ南部のバージニア州で、日本海の名称として韓国の主張する「東海」を州の教科書に併記することを義務づけたり、慰安婦に関する石碑を地方庁舎庭園に設置したりする動きが相次いだことを社説で取り上げました。地元政治家の韓国系有権者に対する「過剰な迎合」だ、と指摘して諫めています。

**トニー**　バージニア州北部は韓国系アメリカ人が多いところ。

**室　谷**　そうらしいですね。で、そのエリアを地盤として連邦下院議員選に出馬を予定する候補が、秋の中間選挙を控えて、いずれも日本海呼称問題を連邦議会に持ち込

第2章　わかった！　日本人が知らないアメリカ事情

み、教科書への「東海」併記義務づけを連邦レベルで目指す、と公約しました。

対立する候補がどちらもそう公約したのに対して、『ワシントン・ポスト』は「国際問題の専門家でもないくせに、日韓の争いに首を突っ込もうとしている」と批判しています。バージニア州フェアファクス郡の庁舎敷地内に慰安婦石碑が設置されたことも「首をかしげざるをえない」と書いています。

**トニー**　わかっているアメリカ人は、少なくありません。私がユーチューブの映像などで、日の丸のハチマキをしたり旭日旗を振ったりするでしょう。すると、アメリカの若者たちから、「その旗は、どういう意味なんだ？」「なかなかかっこいいね」というようなメールがたくさんくる。

**室谷**　韓国人は、日の丸や旭日旗を、ヒトラーのナチスの鉤十字と同じだ、と主張しますけれどね。

**トニー**　アメリカ人の多くは、そんな主張は信じませんよ。むしろ、なぜ韓国人はそんな荒唐無稽なことをいって日本人に対する嫌悪感をむきだしにするのか、と戸惑うアメリカ人が多い。

## 不法移民からも票を「おもらい」したい米・民主党

**室谷** 2014年11月のアメリカの中間選挙は、オバマ政権に対する野党の共和党がアメリカ議会の上下両院で過半数の議席を獲得しました。議会の主導権を共和党が握ったから、支持率が低迷するオバマ大統領は、残りの任期2年で、より苦しい政権運営を迫られることになりました。ただし、やはりアメリカの大統領は、制度的にも強い政治リーダーだから、レイムダック化（もとの意味は「足の悪いアヒル」）してヘナヘナ、ということにはなっていませんね。トニーさんは、民主党をどう見ていますか？

**トニー** 中間選挙の結果は、私が予想していたより共和党が強かった。結構なことだと思いましたけどね。

2016年の大統領選挙がどうなるかは、いまはまだ予測がつきません。ただ、言えることは、アメリカは民主党と共和党の二大政党制といっても、どうも共和党が民主党にきっちり敵対できていない。リベラル思想を掲げるマスメディアも、民主党の

第2章 わかった！ 日本人が知らないアメリカ事情

宣伝機関であるかのような振る舞いをしている。ここがアメリカの大問題です。たとえば、アメリカでは不法移民問題が深刻な社会問題になっています。しかし、それを放置して、むしろ不法移民からすら票を「おもらい」しようというのが、民主党ですね。もちろん韓国系や中国系アメリカ人が不法移民とは言わないが、「慰安婦＝性奴隷」像の問題と、根は同じでしょう。

**室谷** 選挙のためのカネと票が集まるなら、日本のことなんて知らないよ、というところは同じです。

**トニー** 民主党の連中は、「自由と平等」という合衆国の建国理念なんか関係なく、自分たちが政治家であることのためだけに活動しているように見える。これでは、献金と票にシッポを振ってヨダレを垂らす犬と一緒（笑）。

**室谷** 日本にも、ちょっと前に政権の座についていた「民主党」という政党がありますが、アメリカの本家と似たようなことをしています。いまは、もう見る影もなく落ちぶれてしまいました。

## 民主党が多数派を占める州は経済がよくない

室谷　アメリカの景気は悪くないようですが、どうですか？

トニー　景気は悪くないし、農業も工業も悪くない。ソフトウェアやIT産業も相変わらず強い。原油安でみんな大騒ぎしていますけど。

室谷　シェールオイルやシェールガスの見通しは？

トニー　原油安の煽りを食って、倒産するところも出てきた。いまの民主党政権は環境保護に熱心で、公有地でシェールオイルを掘るのは環境破壊だからダメ。いま掘っているところは私有地だけです。

共和党は、産業を振興し人びとの働く場所をつくって、経済を持ち上げていく。国有地からもオイルやガスを採れるようにすれば、そこに職ができるという考え方。税金も低くして小さな政府でいく。自由な経済活動に任せれば、国民の間に経済格差があっても、金持ちのカネは消費や投資に回って、結局は国民全体を潤すと。

民主党は、大きな政府でいき、取った税金で福祉を手厚くする。経済格差も大問題

第2章　わかった！　日本人が知らないアメリカ事情

で、無保険の低所得者が手術代を負担できず、治る病気で死んでしまうなんていうことはいかん、と。「オバマケア」という医療保険制度改革をやっているでしょう。

室谷　韓国の朴槿恵政権が公約したのも、福祉ばらまきでした。もっとも予算がなくて公約を次々と反古(ほご)にしていますが、本当にアメリカの民主党政権とそっくりです。まあヨーロッパもみんな、社会民主主義的な大きな政府ですが。

トニー　私のいるテキサスは、アメリカの中でも経済的にとても健康な州。共和党が多数派を占める州は、ほとんどが経済的に安定していて、ビジネス環境もいい。ところが民主党が多数派を占める州は、ほとんど赤字なんです。カリフォルニアもそうだけど、ミシガン州のデトロイトなんかに非常に敵対的です。民主党というのは反ビジネスで、金融なんかに非常に敵対的です。なんだかもう、世紀末のような様相を呈しています。状態の悪い典型的な場所でしょう。

室谷　われわれ日本人が、民主党のアメリカ大統領としてすぐ思い浮かべるのは、やっぱりジョン・F・ケネディです。いま娘さんが大使としてきています。1961年1月20日のケネディの演説は、いまでも多くの人が引用します。

「同胞であるアメリカ市民の皆さん、国があなたのために何をしてくれるかではなく、

あなたが国のために何ができるかを考えようではありませんか。また同胞である世界市民の皆さん、アメリカがあなたのために何をしてくれるかではなく、人類の自由のために共に何ができるかを考えようではありませんか」

50年以上前の演説ですが、いまだにそのとおりだ、と共感し感服します。

**トニー** そのとおり、すばらしい内容です。でも、ケネディ時代の民主党と今日の民主党は、同じ名前でもまったく違う。ケネディは、たしかに民主党だったけれども、同時に愛国者でした。いまの民主党の政治家は、愛国心がまるでない。

**室 谷** そうですか。日本の民主党とそっくりですね。

**トニー** 昔の民主党は、今日ある民主党のようには汚れていなかった。いまは、反資本主義の人たち、環境保護団体、無宗教主義者、女性の人権擁護団体なんかに完全にやりこめられているのが民主党。伝統的な社会で受け入れられなかったゲイやレズビアンなんかまで全部抱き込んで、それが民主党の核心になってきている。

120

## アメリカを乗っ取るとすれば、ヒスパニック系？

室谷　アメリカという国がこのままいくと、中国系や韓国系などアジア系からの移民がものすごく増えていく。われわれは、やがて中国に乗っ取られたアメリカの姿を見せられることになるんじゃなかろうか、と思ったりするのですが（笑）。

トニー　いや、アメリカを乗っ取るとすれば、そりゃ、やっぱりメキシコの連中でしょう（笑）。ヒスパニックですよ。

2010年の国勢調査によると、全体で3億人のうち、白人が2億人に近く割合は63.7%。次がヒスパニック系で5050万人（16.3%）。以下、黒人3770万人（12.2%）、アジア系1450万人（4.7%）、アメリカ先住民220万人（0.7%）と続く。

室谷　ヒスパニックですね。彼らは大部分がメキシコ出身ですか？

トニー　メキシコが圧倒的で、あとはプエルトリコ、キューバ、エルサルバドル、ドミニカなどです。でも、アメリカがメキシコに乗っ取られるぶんには、そんなに悪く

## アメリカの人種構成 (単位：100万人)

| 区分 | | | 2010年 | | 2000年 | | 増減 | |
|---|---|---|---|---|---|---|---|---|
| | | | 人口 | 割合 | 人口 | 割合 | 人口 | 率 |
| 全米人口 | | | 308.7 | 100% | 281.4 | 100% | 27.0 | 9.7% |
| ヒスパニック系 | | | 50.5 | 16.3% | 35.3 | 12.5% | 15.2 | 43.0% |
| 非ヒスパニック | 非白人 | 白人 | 196.8 | 63.7% | 194.6 | 69.1% | 2.3 | 1.2% |
| | | 合計 | 61.5 | 20.0% | 51.6 | 18.4% | 9.9 | 3.7% |
| | | 黒人 | 37.7 | 12.2% | 33.9 | 12.0% | 3.8 | 11.2% |
| | | アジア系 | 14.5 | 4.7% | 10.1 | 3.6% | 4.4 | 43.6% |
| | | アメリカ先住民 | 2.2 | 0.7% | 2.1 | 0.7% | 0.1 | 4.8% |
| | | ハワイ、大洋州 | 0.5 | 0.2% | 0.4 | 0.1% | 0.1 | 37.1% |
| | | その他 | 0.6 | 0.2% | 0.5 | 0.2% | 0.1 | 27.7% |
| | | 混血 | 6.0 | 1.9% | 4.6 | 1.6% | 1.4 | 30.4% |

出典：アメリカ国勢調査局「人種構成の概要」(2010年)

## 米国の5大都市の家庭で使われる言語 (人口は5歳以上)

| 都市 | 州 | 人口(千人) | 英語のみ | 英語以外 | | | |
|---|---|---|---|---|---|---|---|
| | | | | 西語 | 他の印欧語 | アジア太平洋語 | その他 |
| ニューヨーク | ニューヨーク州 | 7,811 | 52.5% | 23.9% | 13.3% | 7.9% | 2.4% |
| ロスアンゼルス | カリフォルニア州 | 3,546 | 39.5% | 43.8% | 6.7% | 8.5% | 1.5% |
| シカゴ | イリノイ州 | 2,639 | 65.7% | 23.3% | 6.2% | 3.5% | 1.3% |
| ヒューストン | テキサス州 | 2,058 | 55.2% | 36.3% | 3.2% | 4.2% | 1.1% |
| フェニックス | アリゾナ州 | 1,444 | 61.7% | 32.8% | 2.5% | 1.8% | 1.2% |

出典：アメリカ国勢調査局 (2013年)

ない（笑）。彼らはよく働く連中だし、陽気だしね。

**室谷** なるほど。

**トニー** まあ歴史的に見ると、ヒスパニック系であれ中国系であれ、移民としてアメリカに渡ってきた人たちが、自分たちだけで政権を取ろうとする例は、これまでにないでしょう。みんなアメリカにきて、ああ、これはいいところだ、とすっかり満足してしまうから。そのとおり、アメリカというのは、自由と活力に溢れた最高の国なんですよ、ハッハッハッ。

**室谷** いやいや、これからはわかりませんよ（笑）。

# 第3章 これが韓国だ！この隣人とどう付き合っていくべきか

## セウォル号沈没事件そのものが、まさに韓国だ

**室谷** ここまでトニーさんと、アメリカにおける韓国の反日プロパガンダはどういうものか、日本を貶める韓国の一方的な主張がまかり通ってしまうアメリカ社会はどうなっているのか、と議論してきました。

ここからは韓国という国の内情や思惑、互いに接近し反日路線で共闘を図る韓国と中国の狙い、それに対する日本の外交戦略、アメリカと同盟を組む日本は今後どのような道を進むべきか——そんな問題を取り上げていきたいと思います。

**トニー** オーケー。室谷さんは、韓国のソウルに5年間も駐在していた、と言いましたね。アメリカのことをずいぶん話したので、今度は韓国の話をいろいろ聞かせてほしいですね。

韓国では2014年4月16日、修学旅行の高校生たちをはじめ乗客・乗員500人近くを載せたフェリー船「セウォル号」が沈没して、死者・行方不明者が300人以上という大惨事が起こってしまった。なんとも気の毒な話で、亡くなった人たちには

第3章　これが韓国だ！　この隣人とどう付き合っていくべきか

同情します。スゴク、カワイソウ。ところで室谷さんは、沈没事故の後に『ディス・イズ・コリア』（産経新聞出版）という本を書いたでしょう。これこそが韓国だ、と。どういうことですか？

**室谷**　修学旅行を楽しんでいた高校生など３００人近くが亡くなった。心からお悔やみします。

しかし、それはそれとして、セウォル号沈没は、韓国がかかえるさまざまな問題が複合的にからみ合って起こった事件です。事故の直接的な原因だけでなく背景も、救助活動やその後の経緯も、責任者の追及の仕方や遺族の対応なども、何から何まで韓国ならではの、きわめて特異なものでした。

たとえば３００人近くが亡くなったと言いましたが、依然として正確な人数はわからないのです。船員が小遣い稼ぎで、正規運賃の何割かで裏ゲートから乗船させた客がいるからです。彼らは乗客名簿に載っていません。こういう不正乗船は韓国では当たり前のことに属する。船員の役得なのです。

だから、セウォル号沈没事件そのものが、まさに韓国。韓国という国や韓国人を象徴する事故だったということです。そして、韓国は、さまざまな矛盾や問題が放置さ

れた結果、沈没してしまったセウォル号のように、沈没していくしかないのではないか。そう私は考えているわけです。

## 何から何までルール違反。乗組員たちはわれ先に脱出

トニー　室谷さんは5年も韓国ソウルに駐在していたのでしょう。そんなに韓国のことをよく知っている人でも驚いた?

室谷　昔の韓国は、腐敗がものすごい後進国だった。でも、30年もたって依然としてこうなのか、と。

トニー　セウォル号沈没では、具体的にどんな問題がありましたか?

室谷　まず、あの船は日本の中古フェリー船ですが、それに効率重視・安全無視の大改造をして、バランスの悪い船にしてしまいました。救命ボートなど安全装備も不

トニー　そんなにひどいのですか?

室谷　ひどい。いったい全体どうしてこんな馬鹿げたことが起こるのだ、と驚くことばかりです。

第3章 これが韓国だ！ この隣人とどう付き合っていくべきか

2014年4月16日、韓国仁川の仁川港から済州島へ向かっていた韓国の大型旅客船「セウォル」が、全羅南道珍島郡の観梅島（クヮンメド）沖海上で転覆・沈没した。
セウォル号には、修学旅行中の高校生325人と引率教員14人、一般客108人、乗務員29人の計476名が乗船し、車両150台余りが積載されていた。乗員・乗客の死者295人、行方不明者9人、捜索作業員の死者8人という大惨事となった。
同年10月、韓国最高検察庁は、沈没事故に対する最終捜査結果を発表。「清海鎮海運が船を無理に増・改築し、過剰積載状態で出港した後、船員の運航の過失で沈没した。救助に行った木浦海洋警察署の問題ある対処、救護会社選定過程での不法行為で死亡者が増えた」としている。
11月11日、光州地裁は遺棄致死罪などで船長に懲役36年の判決を下した。

©Sipa Press/amanaimages

備のまま。しかし、海運会社も乗員もそれを問題と思わず、監督官庁や海運組合なども腐敗したなれ合い組織ですから黙認しました。もちろんワイロがあるわけです。そもそも船の検査制度に不備があった。操舵器の電気系統の故障も放置されていた。

もちろん貨物積載量も大幅に超過していました。上限が９８７トンのところ、なんと３６０８トンも積んでいたのに、いつも通り点検など一切せず、貨物を規定通りに固定しないまま出港しています。過積載をごまかして船を安定させるためバラスト水を抜いていた。出発の遅れを取り戻すため危険な近道を、全速力で航行した。無責任な船長が席を離れ、新人で経験不足の三等航海士が急な舵を切ったため、荷崩れを起こして沈没した。

**トニー** うーん。何から何までルール違反なんだ。

**室谷** 船が傾き始めてからも、ひどい。「救命胴衣を着用し待機してください」という自動の船内放送が流れ、乗組員は乗客に「大丈夫だから、その場を動くな」と伝えて避難誘導をまったくしないまま、自分たちだけが、われ先に脱出した。

最初に現場についた海洋警察の警備艇に、操舵手はもちろん、船のいちばん下のほうにいた機関士まで乗っていたのですよ。しかし、高校生たちを励まし、先に逃がし

第3章　これが韓国だ！　この隣人とどう付き合っていくべきか

て自分は犠牲になった22歳の女性の船室乗務員がいました。韓国の報道を見る限りでは、威張っている船員はみんな逃げた。船員扱いされていない、つまり韓国で言うと「身分が低い」客室乗務員には、まともな人がいたのです。

## 海洋警察はウソばかり。捜索作業員が8名死亡という杜撰

室谷　海洋警察というのもひどいところで、事件直後に救助体制を記者発表したのですが、作業員の人数、ヘリや船の数はすべてウソでした。海洋警察はやがて船内に空気を送り込む作業をしますが、それがまた大ウソに基づく作業でした。

一人の女性が「ボランティア・ダイバーとして潜ったところ、船内から反応音があった。声も聞こえた。空気だまりに生存者がいる」といったことをテレビクルーに語ったのです。その放送を聴いた家族が空気を送り込めと主張したので、そうなったのです。

ところが、この女性は大ウソつきで有名な人で、ダイバーの資格も持っていなかった。素人が40メートルの海底に潜れるはずがありません。

トニー　ハッハッハッ。もう笑うしかない。

室　谷　実は沈没後の捜索作業で、韓国海軍兵士1人、民間ダイバー2人、消防隊員5人が命を落としています。大事故や大災害で、二次被害や二次災害だけは起こすな、というのはどの国でも常識でしょう。

トニー　アタリマエ。

室　谷　たとえば日本では、御嶽山という火山が2014年9月27日にいきなり噴火して、57人の死者を出しました。依然として少なくとも6人が行方不明で、おそらく現在も山頂付近に遺体が残されています。でも、なんとかして救い出せ、と自衛隊や警察に怒鳴り込む遺族などいません。それは仕方がない、救助活動に当たる隊員の安全を最優先してくれ、と誰でも思う。

　韓国は違います。被害者家族が、何をやっているのだ、とケンカ腰で迫る。実際に殴られた公務員もいました。慰問のため姿を見せた首相は水をあびせられました。だから、装備や技能が不充分なまま、無理やり救助活動や捜索活動をしてしまう。それで8人も余計な死者を出してしまった。

トニー　あの事件は、政治的な混乱も引き起こしましたね。

室　谷　はい。「悪いのは誰だ?」という犯人捜しと、「お前だ」「いや、そっちだ」と

## 第3章 これが韓国だ！ この隣人とどう付き合っていくべきか

いう責任のなすりつけが始まった。首相が辞めざるをえなくなったら、新しい首相候補はかつて「親日発言」をしたと攻撃された。

70％近かった朴槿惠大統領の支持率も、5月上旬には46％まで急落しました。彼女は国民に「泣いておわび」せざるをえませんでした。セウォル号沈没事件こそは、韓国の朴槿惠政権が奈落の底へ滑り落ちていくプロセスの始まりです。

### 被害者は、どんなわがまま放題も許される

**トニー** ニュース報道でちょっと見ましたが、役所や海洋警察の関係者に対してヒステリックに怒鳴りまくっていたのは、犠牲者の家族でしょう？　殴りかかって周囲から止められている人もいた。なぜ、ああなるのですか？

**室谷** だから、ディス・イズ・コリアですよ（笑）。

韓国では、どんな事件であれ、被害者やその家族というのが一種の特別な立場、極端に言えば、法律その他のルールを超越した「聖なる存在」になってしまいます。激情にかられた被害者側が、わがまま放題をやっても、たいていのことは許されてしま

うのです。まわりが「もういい加減にしたら」といっても、「こっちは被害者だ。お前に何がわかるか」とね。

慰安婦は、20万人もいたと刷り込まれています。20万人もいたなら、韓国人全体が被害者だということになります。だから、こと慰安婦問題に関しては、日本に何をしてもいとなるのです。しかも、彼らは「韓国の常識は世界の常識」と思い込んでいますから、自分たちの日本糾弾行動が世界で支持されていると信じ込んでいるわけです。

**トニー** そうか。「慰安婦＝性奴隷」像を建てる連中の言いぐさと同じなんだ。俺たち韓国系は、70年以上も前の戦争中、女性たちを性奴隷にさせられたんだ。だから、アメリカで何をやろうが許される。なぜならば、被害者だからだ（笑）。

**室谷** そのとおり。セウォル号沈没は、韓国の腐敗、汚職、無責任、癒着、なれ合い、効率至上主義、儲け一辺倒といった問題を象徴していますが、韓国人の伝統的な考え方や精神構造を象徴する事件でもある。

こんなこともありました。セウォル号事件の真相解明や補償を求めて、被害者家族が国会の一角で「断食」したのです。ハンガーストライキ。ところがこれ、点滴を打ちながらやった（笑）。糖・アミノ酸・ビタミンなどを入れた高カロリー輸液を点滴

第3章　これが韓国だ！　この隣人とどう付き合っていくべきか

すると、患者は1年やそこら口から栄養を採らなくても生きていけます。みんな胃潰瘍の手術のあとなんか、1週間くらい点滴をして何も食べない。点滴つきの断食は果たして「断食」と呼べるものでしょうか。

トニー　ハッハッハッ。

室谷　それは、まあいいとして、さすがに調子が悪くなった人がいた。すると、被害者家族は、「なぜ、救急車を待機させておかないんだ！」と国会関係者に怒り出した。これが解せない。断食デモンストレーションを勝手にやって、場所の提供者に救急車を用意しておけというのは……。

トニー　それはヘンだ。聞いたことがない（笑）。

## 「恨」こそが朝鮮民族の思考や文化をつくってきた

室谷　被害者側は何をやっても許される。いつまででも「寄こせ。もっと寄こせ」「謝れ。もっとちゃんと謝れ」と叫び続けていい。そんな伝統というか慣行は、韓国という国や韓国人という民族の、日本に対する姿勢にも共通しているわけです。

**トニー** 日本は戦国時代に、サムライたちが朝鮮半島に攻め込んだのでしょう。豊臣秀吉の命令で。朴槿惠大統領は、そんな演説をしていませんでしたか？ 1000年たっても、被害者は被害者だ、というような。

**室谷** そうです。朴大統領が2013年3月、ソウルで演説した。日本が朝鮮半島を統治していた1919年に朝鮮人たちの「三・一独立運動」というのがありました。その記念式典で、日韓関係には「加害者と被害者という歴史的立場」があって、これは「1000年の歴史が流れても変わることはない」といったのです。

**トニー** よっぽど記憶力がいいんだね（笑）。

**室谷** トニーさんは、「恨の文化」をご存じですか？

**トニー** いや、初めて聞きます。

**室谷** ハンは「恨」という字を書くのですが、ただ「恨みつらみ」や「憎い」と思う感情だけではなくて、無念さ、情けなさ、悲哀、無常観も込められた朝鮮の言葉です。簡単に言うと、気に入らなかったことに意固地であり続けるということでしょうか。ときには、自分たちを虐げた強い者たちへの「憧れ」すらも含んでいます。

第3章　これが韓国だ！　この隣人とどう付き合っていくべきか

中国に支配されながら「小中華」という屈折した意識を持つようになった、と話しでしょう。この「恨」というのが、千数百年の昔から根底にずっとあって、朝鮮の人びとの思考や文化をつくってきたのです。

**トニー**　なるほど。

**室谷**　だけど、「こっちは1000年前から被害者だ」と言われれば、「ちょっと待て」と言わざるをえない。じゃあ、いまから700～800年前の話をしよう、と。日本では1274年と1281年に「元寇」がありました。このとき元（モンゴル）軍と一緒に高麗軍が日本を侵略してきた。朝鮮半島で船をこしらえて朝鮮人が北九州に攻めてきました。元の皇帝に日本を攻めるよう、けしかけたのは高麗の皇太子でしたし、先陣の司令官も高麗人でした。壱岐・対馬では女子どもを含めた住民の手のひらに穴を開け、ヒモでつないで歩かせたと伝えられています。どうしてくれるんだ、とね。そんな昔の話をしても、どうにもならないから、日本側は誰も口にしません。

**トニー**　ふーん。そんな残虐な侵略があったのですか。

## セウォル号事件のあとも、安全軽視の事件や事故が頻発

室谷　セウォル号沈没のあとの韓国ウォッチングも、これまた驚くことばかりでした。あれほどの大事件が起こり、韓国社会のさまざまな問題が暴露され、われわれは「安全第一」の国づくりをしなければダメだ、という世論が充満していた。それなのに全然、安全第一ではなかった。「安全第一」は口だけでした。

トニー　どういうこと？

室谷　この国は「安全第四」か「安全第五」くらいじゃないか、と思えるくらい、安全を軽視する事件や事故が頻発しました。14年4月16日から1か月ほどの間に、韓国ではこんな事件・事故が起こっています。

●4月19日、仁川からサイパンを目指す旅客機がエンジントラブル。ふつうは最寄り空港の福岡に着陸すべきところ、機長は警報を無視してサイパンまで飛行。あとになって、オイルフィルターの異常でオイルに鉄分が含まれていたと判明。おそらく不純物が多い規定外の安物を使っていたのだろう。

138

第3章　これが韓国だ！　この隣人とどう付き合っていくべきか

- 4月21日、現代重工業でタンカー火災、2人負傷。
- 4月28日、現代重工業のドックで爆発し、死傷者。
- 4月29日、韓国空軍の戦闘機が離陸時にミサイルが誤射され、2キロ先で爆発。当初は「落ちた」と説明。当局の説明によれば電気系統故障ともいう。
- 5月2日、ソウル公営地下鉄で追突事故があり、249人がケガ。信号機は4日前、ATS（自動列車停止装置）も2日前から壊れていたが、放置。
- 5月3日、仁川市で乗り合いバスが火災。当局の発表によれば後輪と道路の摩擦熱でタイヤから出火。
- 5月10日、ソウルで解体中のビルが突如崩壊。
- 5月12日、地方で建設中だった7階建てマンションが傾き、1週間ほどで横倒しに。建設会社社長は逃走。
- 5月15日、慶尚北道の空軍基地で修理済み滑走路の亀裂や盛り上がりが発覚。
- 5月19日、ソウル郊外で、地下鉄の屋根の上のガイシ（白い絶縁具）が破裂し、ホームにいた11人がケガ。瞬間的に高圧電流が流れたという。
- 5月26日、ソウル近郊のバスターミナルで火災。8人死亡53人ケガ。ガスの元栓

を閉めないままガス管の溶接作業をして爆発。

● 7月22日、単線区間で列車が正面衝突。

**トニー** バスの後輪タイヤと道路の摩擦って、なんだろう？

**室谷** ソウルのバスというのは、運転手がみんなバス会社の社員というわけではなくて、個人営業のバスが会社に登録している。個人が一仕事終えたら次の仕事で稼ごうとするから、恐ろしいほど乱暴な運転で猛スピードを出す。大型バスが、カーブのところで縁石に乗り上げて、ジャンプするなんてことも珍しくありません（笑）。たぶん、眠いなか縁石をこすりながら走ったのでしょう。

**トニー** そりゃスリル満点だ、ソウルのバスは。遊園地のジェットコースターに乗らなくても市内で楽しめる（笑）。

**室谷** 韓国で2013年に労災事故で死亡した人は1929人でした。日本は1030人が死亡した。ところが、労働者の数が日本は韓国の3倍近いから、労災事故の発生率は韓国が日本のおよそ6倍という計算になります。そのくらい命の軽い国、安全軽視の国というわけです。

140

第3章　これが韓国だ！　この隣人とどう付き合っていくべきか

## 大統領の密会問題は「怪文書のお話」に

トニー　日本の新聞記者が、フェリー転覆事故の当日に韓国大統領が誰と会っていたとかいう話があると書いて、名誉毀損で起訴された話があったでしょう？

室谷　そうです。産経新聞のソウル支局長（当時）は15年4月まで韓国の検察から出国禁止処分にされていました。朴政権は日本政府から抗議を受けると「問題は司法の手に移ったので権限外だ」と言い訳していました。ところが出国禁止を解除するや、韓国の政府筋は、「日本に関係改善に向けたサインを送った」と述べたのです。人質外交の一種ですよ。外交交渉の切り札の一つにするため出国禁止にしていたのです。何のことはない。北も南も考えることは同じですね。

産経新聞のソウル支局長は2014年8月3日、沈没事件の当日、朴槿恵大統領が密会していたという噂があるとする『朝鮮日報』の報道を引用して、産経のウェブサイトで報じた。韓国大統領府や在日韓国大使館が記事の削除を要請したが、産経新聞は応じず、韓国検察が支局長を起訴しました。

**トニー** もともと韓国のメディアに載った話でしょう。韓国メディアは起訴されていないんですか？

**室谷** もちろん、されていません。だからむちゃくちゃな話で、ようするに嫌がらせから始まったのです。

14年の年末になって朴槿恵政権の内部監察文書の流出が明らかになります。流出した文書によると、公職に就いていない「秘線」、つまり朴大統領の「密会相手」が、ナンバー2である大統領府秘書室長の追い落としを狙って、大統領府や中央官庁の人事に影響力を発揮してきた、というのです。

朴大統領はセウォル号沈没当日の「空白の7時間」に、この「秘線」に会っていたのではないかという噂が、水の中の死体のように浮いてきたわけです。朴大統領は文書を「チラシ（怪文書）みたいなもの。デマだ」と決めつけ、不法流出だけを捜査するよう検察に指示した。これには保守系新聞まで怒り始めました。

**トニー** 政権の基盤が揺らぎ始めた、ということですか？

**室谷** いや、ここがまた韓国というおもしろいというか、どうしようもないところなのです。さすがに今度は大統領は四面楚歌かと思ったら、与党の実力者たちが

第3章　これが韓国だ！　この隣人とどう付き合っていくべきか

大統領へのゴマすり合戦を始めたのです。いまナンバー2の秘書室長も、彼の追い落としを策した連中も、いずれ切られるに決まっている。そのときは自分をよろしく、という猟官運動でしょう。それが15年1〜2月の秘書室長、首相らの交代人事につながったのですが、新任首相は金に絡むスキャンダルで在任2カ月で辞任しました。

朴大統領はセウォル号事件で「泣いておわび」をしてしまったから、もうこの手は使えません。というのは、韓国では、大統領に限らず政財界でも庶民の間でも、おわびをした者は威信をガクンと落としてしまうからです。だから、突っ張るしかないのですがね。ただ韓国の政治は、旧悪を追放した者が、もっと悪い新悪になってしまう。これが李王朝以来の「伝統」です。

**トニー**　経済もよくないでしょう。

**室谷**　よくない。これ以上よくなる兆候が見つからない。朴政権は2018年2月まで任期を残しているのに、すでにレームダック状態です。いつの間にか与党の執行部を非主流派に握られてしまった。さらに新任の首相が超ド級のスキャンダルで2カ月で辞任。ついでに米中から冷たく扱われる〝安倍による惨事〟。どこまで続くヌカルミぞ……の中で国力が失われていくのでしょう。

円安ウォン高もあって、サムスンと現代という二大財閥の収益力が目に見えて落ちている。しかし、何の手も打てずにいます。

トニー　すると後世の歴史家は、セウォル号沈没は「韓国沈没」への第一歩だった、と書き記すわけだ。

## 韓国人の国民性は①パリパリ、②ケンチャナヨ、③声闘文化の三つ

室谷　セウォル号沈没事件やその後の経緯を見ると、韓国人の国民性というのは、だいたい三つのキーワードで言い尽くせますね。

トニー　三つのキーワードとは？

室谷　①パリパリ文化、②ケンチャナヨ文化、③声闘文化の三つです。

トニー　どういうことなんですか？

室谷　①の「パリパリ」は「急げ、急げ」という意味。韓国人は時間にものすごくルーズなくせに、何ごとも急ぐ。急ぎすぎて失敗する。ホテルでタクシーに乗ったら、「出口は混んでいるから」と、一方通行を逆走して地下駐車場の入口から出たことが

144

第3章　これが韓国だ！　この隣人とどう付き合っていくべきか

あります。生きた心地がしませんでした。セウォル号も、出発時間が遅れたので、危険水域で猛スピード旋回した。

②の「ケンチャナヨ」は、「ま、いいでしょ」。何でも、まずまずだいたいのところで問題ない、こんなもんでいいよ、と。セウォル号の過積載も、取り締まる側の船の側は「ケンチャナヨ（いいでしょ）」といって、取り締まる側はいつもワイロもらっているので、「ケンチャナヨ（ま、いいでしょ）」と言う（笑）。「ケンチャナヨ」はマニュアルの無視とも言い換えられます。韓国で発生する大きな事故は、ほとんどが「ケンチャナヨ」から始まるのです。

③の「声闘文化」は、何ごとも大声で怒鳴り飛ばして、決着をつけようとする。とにかく韓国人は、声高によく人を責めます。そして必ず「お前じゃダメだ。責任者を出せ」と言うのですよ。すべての物事が事実関係の検証よりも、怒鳴り声の大きさで決まってしまうのです。

145

## 韓国軍の士気が衰え、ひどいことになっている

**室谷** また話は変わりますが、アメリカでは、米軍兵士が在韓米軍に行くことは人気があるんですか？

**トニー** いや、まったく人気がない（笑）。在日米軍や在韓米軍で勤務経験があるアメリカ人を何人か知っていますが、みんな「韓国はヤバかった」と言う。みんな「よかった」と言うのは日本です。韓国と日本を比べてではなく、日本以外と日本を比べて、みんな日本は天国だ、といいますね。気候もいいし、人びとは親切だし。

そう言えば、いま思い出しました。1950年代に韓国に駐留していた友だちがいるけど、彼だけは「韓国はとても居心地がよかった」といっていた。韓国人のガールフレンドと一緒に住んでいたそうだから、居心地がいい（笑）。

**室谷** 韓国軍というのは60万人くらいいます。北朝鮮と接する前線で、つけまつげをした歩哨兵がいたと言われています。もちろん男ですよ。士気がものすごく衰えているということで、大問題になっています。

第3章　これが韓国だ！　この隣人とどう付き合っていくべきか

もうひどいことになっています。在韓米軍がいなくなったら、韓国はアッという間に北朝鮮に潰されてしまいますよ。

トニー　北朝鮮軍の連中が言うね。「韓国軍？　あのお花畑みたいな人たちがそうなのか？」って（笑）。

## 地位が上の責任者ほど先に逃げ出す「先逃文化」

室谷　対北朝鮮の最前線では、おそろしい事件がありました。韓国軍の兵士が、一種の精神的な病らしいのですが、自分だけが周囲からいじめられていると思い込んだ。まあ、実際にいじめも受けていたらしい。それで、ある日突然、仲間の兵士たちに向かって銃を乱射し始めた。

「ガードポスト」と呼ばれる半地下式の小さな要塞があるのですが、その前で仲間を狙って撃ったのです。彼らの隊長はガードポストの中にいたのですが、銃声を聞くと真っ先に逃げ出してしまった。

トニー　ハッハッハッ。セウォル号の船長と同じですね。エラい責任者ほど先に逃げ

る。

**室谷** そうそう。「先逃文化」と言います(笑)。ガードポストの中には、ほかの兵隊もいたのですが、隊長が銃器庫の鍵をもったまま逃げてしまったので、中にいる兵隊たちは銃を取り出すことができず、乱射兵を捕まえられなかった。

さらに、この地域を管轄している陸軍大将の最高司令官が同じころ、任地を離れて故郷に戻っていた。

**トニー** なぜですか?

**室谷** 故郷で大将昇進祝いをするというので。任地を離れるだけで軍法違反なのですが、そこで飲み過ぎて、高速道路のサービスステーションで醜態を演じて、とうとう首になってしまった。

**トニー** そりゃあ、よかった(笑)。

**室谷** 韓国人っていうのは、とにかく当てにならない。銃を乱射したのが精神に異常をきたした仲間の兵士だったから、まだ助かった。北朝鮮の奇襲だったらいったいどうなっていたのか? 本当に、総崩れになりかねません。

148

## 日中韓の戦力比較

|  |  | 日本（自衛隊） | 中　国 | 韓　国 |
|---|---|---|---|---|
| 総 兵 力 | | 約23万人 | 約230万人 | 約56万人 |
| 陸軍 | 陸上戦力 | 約14万人 | 約160万人 | 約52万人 |
| | 戦　車 | 約690両 | 約7600両 | 約690両 |
| 海軍 | 艦　艇 | 139隻、45.3万トン | 890隻、約142.3万トン | 190隻、約19.6万トン |
| | 駆逐艦／フリゲート | 47隻（護衛艦） | 約70隻 | 22隻 |
| | 潜水艦 | 16隻 | 約60隻 | 12隻 |
| | 海兵隊員 |  | 約1万人 | 約2万7000人 |
| 航空戦力 | 作戦機 | 約340機 | 約2580機 | 620機 |
| | 第3/4世代戦闘機 | F4　60機<br>F15 201機 | 689機 | F4　70機<br>F16 164機<br>F15　60機 |

資料：2014年版『防衛白書』

## 在韓米軍基地のPXは、年の暮れに決まって火事になった

**室谷** 私がソウルにいた80年代後半は、在韓米軍の軍人のうち、将軍や佐官たちは、なんでこんな国を守らなければいかんのだ、という感じでした。

**トニー** その通りです。知っています。

**室谷** ところが、下のほうの兵士たちは全然違っていて、こんな待遇のいい国はないと喜んでいた。もちろん米軍兵士向けの安い慰安婦もいるし、国策としてアメリカ人をものすごく優遇していましたから。すぐ韓国型の腐敗に巻き込まれてしまうアメリカ軍人もいました。たしか前の在韓米軍司令官も、韓国で供応を受けたことで、帰国してから処罰されたはずです。

私のいたころ、おもしろかったのは、毎年暮れになると米軍基地のPX（キャンプ内の購買部）が、決まって火事になるのです。

**トニー** どういうわけですか？

**室谷** みんな横流しをしているから。計算が合わなくなって、困ってしまう。だか

第3章 これが韓国だ！ この隣人とどう付き合っていくべきか

ら丸焼けにして、証拠隠滅を図る（笑）。

トニー　へえ。そのPXは韓国側の経営？　それともアメリカ側ですか？

室谷　経営はアメリカ側です。韓国人は基地従業員として雇われている。それで思い出しましたが、80年代の韓国では、バナナが輸入禁止でした。

トニー　バナナが？　なぜ？

室谷　当時は、貿易収支がすごく悪くて、贅沢品はダメだと。日本でも敗戦直後はバナナは高級品で、果物屋ではなくてバナナ専門店があったのですよ。韓国は80年代に、戦後の日本のような状況だったわけです。ところが、ソウルの中心部にはバナナを売っている露店がたくさんある。これが全部、在韓米軍からの横流しなのです。と ころが警察は取り締まりもしない。

トニー　つねに抜け道というのはあるからね。もちろんアメリカ人も、その商売に関わっていたでしょう。

室谷　一緒にいた韓国人が「食べたい」と言うから買ってやったことがあります。値札には「1000ウォン」とあって、当時の日本円で300円強くらい。高いなと思ったけど払った。そしたらね、一房ではなくて一本の値段でした。錆びた包丁でポ

151

ーンと二つに切って寄越したので、びっくりしました。

トニー　そりゃ高い（笑）。

## 朝鮮戦争当時、韓国政府は「特殊慰安隊」を創設

室谷　韓国側は、戦前の日本軍の慰安婦を性奴隷と言いますが、むしろ、1950〜53年の朝鮮戦争のころ慰安婦、いわゆる「洋公主（ヤンコンジュ）」と呼ばれた女性たちのほうが、待遇面でははるかに過酷で、まさに性奴隷の存在でした。

そのころ韓国政府は米軍（国連軍）や韓国軍向けの慰安婦を募集して「特殊慰安隊」をつくった。このことは韓国陸軍の公式記録『後方戦史』にも出てきます。軍の軍補給品は1種〜4種だけど、その彼女たちは「第5種補給品」と呼ばれた。

区分外の補給品。昼は下女として働かせ、夜は兵士相手のセックスを強制したり、慰安所から逃げないように兵士が見張ったという。第1章でトニーさんが示してくれた米軍資料でわかるように、日本軍の慰安婦とはまったく違った。

トニー　朝鮮戦争後の状況は？

152

第3章 これが韓国だ！ この隣人とどう付き合っていくべきか

室谷　戦争が終わったといっても「休戦」ですから、米軍は韓国に駐留している。彼女たちの大部分は、町にありきたりの売春宿に戻ったのでしょう。特殊慰安隊は解散になった。

## 韓国兵の給料は激安だから"従軍売春婦"の待遇も悪い

トニー　いまは、どうなっていますか？

室谷　北朝鮮との国境に近い前線では、いまも韓国陸軍部隊の兵士の相手をする売春宿があります。これも、まさに「性奴隷」ですよ。

というのは、韓国陸軍の二等兵たちは、毎月の給料が1万2000円くらいです。兵長に昇格して除隊するまで21カ月、昇進のたびに給与は上がりますが、知れた額です。キリスト教の礼拝のときチョコパイがもらえるので、クリスチャンでもないのに兵士たちがみんな礼拝に参加するという話もあります。

トニー　そんなに安いんですか？

室谷　徴兵制の軍隊は、どの国もすごく安い。旧日本軍もそうです。衣食住つきだ

し、そもそも給料が極端に安いから、徴兵制をやる意味があるわけです。仮に65万人に平均年400万円を払ったら、人件費だけで2兆6000億円。国防費全体が4兆円ほどだから、やっていけないでしょう。当然、兵隊の給料が非常に安いから、女の子たちに高いセックス代を支払うことができない。で、彼女たちの待遇は、いいはずがない。

**トニー** 現在もそうですか？ 安いカネで働かせているのでしょうけれど、自由に出たり入ったりできるんじゃないですか？

**室谷** いや、できません。もう人身売買に近い形で、連れてくるわけです。失業したので、ヤミ金で借りたが返せない。すると業者が「返せないなら、あそこで働け」というわけです。

ということは、その女性たちも将来、韓国政府を訴えるんじゃないですか？

最近は美容整形のために借りた金を返せず……というケースがよく新聞に載りますが、氷山の一角でしょう。ただし、美容整形組は海外に送り出される。現地に着いたらパスポートを取り上げて……もう、お決まりのケースですよ。

**トニー** ということは、その女性たちも将来、韓国政府を訴えるんじゃないですか？

**室谷** それは充分考えられるでしょう。「悪徳業者を取り締まらなかった国の責任は重大」と。いや米国だって危ないですよ。「売春目的であることを察知しつつ入国

154

を許可した入管当局の責任は重大」と（笑）。

## 無意識のうちに、自己を他者に「投影」している

**室谷** さすがに現在の日本では、人身売買の話は聞かないけれども、アジアではあるのですね。やはり韓国の話ですが、地方で障害者、いわゆる知的障害者を人身売買で買って軟禁状態におき、塩田で一銭も与えずに働かせていた事件が発覚しました。明るみに出たのは2013年ですが、昔からそうしていたそうで、地元の警察は知っていたが取り締まらなかったそうです。

**トニー** この問題、国連人権委員会に誰かもっていくべきですね。

**室谷** 心理学に「投影」という言葉・概念があるでしょう。簡単に言うと、自分はこういうことをしている、自分はこう考える、だから相手もこういうことをして、こう考えているに違いない、と決めつけることです。

韓国人が、つねに日本や日本人を嫌い、徹底的に批判し貶めようとする背後には、投影によりつくり出された日本人像があるのではないかと思います。自分が売春宿の

経営者だったら、こうするから……従軍慰安婦はこう扱われていたに違いないと妄想をふくらますわけです。

トニー　ああ、なるほど。投影ね。それはあるかもしれませんね。1000年の恨み辛み——もう秀吉の朝鮮出兵から、明治時代末の日本による韓国併合から、戦時中のことから、ありとあらゆるものを持ってきて、「すべては日本のせいだ」と言えば心が落ち着く。無意識のうちにそうやって、自分を納得させているわけだ。

室谷　最近、元慰安婦と名乗る女性が、電気ショックの拷問を受けたと〝証言〟しました。当時の日本軍はそんな装置を持っていません。電気ショックはKCIA（韓国中央情報部）が得意とした拷問です。そういう国民的記憶があるから、この〝証言〟も「そうか、日本軍も……」というわけで説得力を持ってしまうのです。

## ベトナム戦争で、韓国軍は現地女性を慰安婦にしていた

トニー　ベトナム戦争のとき、韓国軍はサイゴン（現ホーチミン）に「トルコ風呂」（The Turkish Bath）という名前の慰安所をつくって、ベトナム人女性に韓国兵士相

第3章 これが韓国だ！ この隣人とどう付き合っていくべきか

手の売春をさせていたんですね。これも、自分たちがやったネガティブなことを、日本人に投影する典型でしょう。

**室谷** そうそう。最近も歴史的な資料が見つかった。TBSのワシントン支局長が米国立公文書記録管理局のベトナム戦争に関する膨大な文書を1年かけて調査し、2015年3月に『週刊文春』で発表しました。韓国では、左翼紙の『ハンギョレ』が紹介記事を書きましたが、他のマスコミは沈黙のまま。もちろん、政府も何も言っていません。

見つかったのは、米軍からベトナム駐留韓国軍最高司令官・蔡命新（チェミュンシン）将軍に宛てた1969年ころの書簡。韓国陸軍幹部らによる米紙幣や軍票の不正操作事件に関する報告です。これに「トルコ風呂は、韓国軍による韓国兵専用の慰安所（＝福祉センター Welfare Center）」とか「売春婦は一晩をともにできる。料金4500ピアストル（38ドル）。サウナとマッサージ室はあいびき部屋として利用できる」と書いてある。ベトナム人ホステスが働いていたのです。

**トニー** アメリカ国立公文書館は、手紙や報告書なんかが何でもかんでも取ってあって、スタッフもとても親切な連中です。調べれば、もっといろいろ出てきますよ。

157

室谷　そんな資料の収集に熱心なのは、アメリカという国が若いからでしょうね。ピルグリム・ファーザーズ（メイフラワー号で最初に新大陸に渡ったイギリスの清教徒）から400年たっていない。建国からも240年くらい。歴史がないから、古い文書を集めて歴史を編もうという意識が強いのでしょう。

トニー　イエス。田舎の街でも歴史資料館みたいなものを建てるんだけど、あまり陳列するものがないから、街のミス・コンテストの1958年優勝者の肖像画なんかを並べている（笑）。

室谷　街の女王とかいうのを選ぶのも大好きですね（笑）。

## 部隊鍋は、韓国駐留米軍の残飯でつくった大御馳走

トニー　室谷さんは韓国で生活していたとき、日本人であるということで不利益を被ったり、トラブルに巻き込まれたことはありますか？

室谷　危害を加えられるとか、深刻な問題はなかったけれども、いろいろとありはしたよ。たとえば、バーで飲んでいるとき、酔っぱらった韓国人が突然「日本語を使

158

第3章　これが韓国だ！　この隣人とどう付き合っていくべきか

うな」とわめき出したり。

トニー　その韓国人、日本軍に入りたかったのに、不合格だった人じゃありませんか（笑）。

室谷　いや、そんな歳の人ではなかった（笑）。そう言えば、韓国人は、韓国軍の兵役に就く代わりに、在韓米軍に入ることができるのです。兵役につかずに、アメリカ軍の下っ端、雑役をする係で入っていくのです。

トニー　じゃあ、米軍のほうが不合格だったかも。

室谷　兵役の代わりの在韓米軍入りは、韓国人にはすごく人気があった。倍率が高くて、なかなかなれない。なぜ人気があるかというと、何しろ食べ物がいい。

トニー　イエス（笑）。

室谷　日本の焼肉屋でも流行っているようですが、部隊鍋（部隊チゲ＝プデチゲ）という韓国料理を知っていますか？

トニー　いや、知りません。

室谷　これ何かというと、朝鮮戦争のあと、アメリカ軍が出す残飯を持ってきて唐辛子味噌で煮たものです。チゲ鍋の一種だけど、コンビーフの残りやステーキの切れ

っ端なんかも入っているし、野菜や魚も入っているし、米まで入っている。当時はこれが大御馳走だったようです。

日韓併合以降、日本は鉱物資源があって満洲にも近い北朝鮮のほうを開発して、製鉄所や発電所をつくった。だから戦後ずっと北のほうが豊かで、南は遅れた農業地域という感じだったのです。

トニー　だから、北朝鮮や中国は「これならいける」と38度線を突破して、朝鮮戦争を仕掛けた。

## 在韓アメリカ人は、韓国が取っている「人質」？

室谷　私がソウルにいるころ、在韓米軍人の奥さんたちはみんな、車の中に逃げるときのリュックサックを入れていました。いまでもそうでか。

トニー　アメリカでは、どの国でも非戦闘員退避計画（NEO）というのをつくっていて、国務省（大使館）と駐留米軍が、アメリカ人——軍人や大使館員の家族、ビジネスマンやその家族たちを、国外に脱出させる。

第3章 これが韓国だ！ この隣人とどう付き合っていくべきか

韓国にいるアメリカ人は、みんなその訓練を受けていて、非常に徹底していて、ふだん車に誰が乗っているかを書かせる書類とか、逃げるとき車のカギを入れて役所か米軍に預ける袋とか、全部用意されている。ペットも、ちゃんと連れていくことになっています。朝鮮半島やベトナムでたいへんだったから、よーく反省した（笑）。

**室谷** しかし、韓国人の本音は、アメリカ人に逃げてもらっては困るのです。韓国では、女の子が基地に帰る米軍の装甲車にひかれた事故（２００２年６月に女子中学生２名が死亡）などで、反米感情がワーッと盛り上がるけど、実は、米軍に居続けてもらいたい。朝鮮半島にいるアメリカ人は、北朝鮮を意識した韓国側の捕虜というか、人質なのですね。アメリカ人が韓国にいれば、北は攻めてこないという発想です。

**トニー** 在韓米軍基地がある限り、北が攻めてきたときは、アメリカ全部を敵に回すわけですからね。アメリカが、朝鮮半島から引き揚げることはないだろうけど。

## 韓国＝前線基地、日本＝戦略的な根拠地の違い

**トニー** ただ、アメリカは韓国を前線基地と見なしています。昔は北がソウルに大砲を大量に撃ち込んで、アッという間に火の海にすると脅していた。ソウルは南北国境から50キロも離れていないから。ところが、米軍は部隊を休戦ラインに近いところから南のほうにグンと後退させ、韓国に置いておく必要のない部隊や装備はグアムに持っていきました。

**室谷** 対してアメリカは、日本を前線ではなく戦略的な拠点と考えているのでしょう。湾岸戦争でもイラク戦争でも、攻撃の中核となったのは日本にいる第7艦隊です。日本の横須賀を原子力空母ジョージ・ワシントンが母港にしているけれど、アメリカ以外に米空母が常駐している国は、世界広しといえども日本だけですからね。アメリカから見れば、韓国と日本では、国や基地の重要性がまったく違うのでしょうね。

**トニー** 朝鮮戦争は最初、北の不意打ちで韓国軍は半島の先っぽまで追われた。米軍を主体とする国連軍は、日本を足場として反撃し、北朝鮮軍や中国義勇軍を38度線ま

第3章　これが韓国だ！　この隣人とどう付き合っていくべきか

で押し戻した。いまも、最前線基地は韓国にあるけれども、そのサポートはアメリカから日本から行っている。

アメリカだけが朝鮮半島をどうにかしようとしているわけではなくて、日本も、自分の安全保障から考えて、朝鮮半島の南半分を支えているでしょう。

**室谷**　おっしゃるとおり。よく知らない日本人が多いようですが、そのことは日米安全保障条約に明記してあります。前文に「(日米)両国が極東における国際の平和及び安全の維持に共通の関心を有することを考慮し」とあるし、第六条にも「日本国の安全に寄与し、並びに極東における国際の平和及び安全の維持に寄与するため、アメリカ合衆国は、その陸軍、空軍及び海軍が日本国において施設及び区域を使用することを許される」と書いてあります。

在日米軍基地は、極東の平和と安全のため、つまり朝鮮半島や台湾を含む地域の平和と安全のために存在しています。

**トニー**　だから、アメリカと日本のパートナーシップが非常に重要です。冷戦時代のアメリカとイギリスの関係のようにね。そして米日韓の3国は、やっぱり手を携えて共産党の支配する巨大な中国に対峙していかなければならないでしょう。

## 親日派・朴槿恵の娘は、中国に大接近

室谷　そこで、韓国の外交姿勢について話しておきたいと思います。
朴槿恵大統領の父親は朴正煕。戦前は訓導という小学校の教員でしたが、日本軍に入りたかった。ところが年齢制限に引っかかった。そこで「一死以テ御奉公　朴正煕」という血書を同封した書留を志願者募集係に送って、満州国軍の軍官学校に入った。ここを出たあと、日本の陸軍士官学校に留学し、1944年に卒業して満州国軍少尉になりました。

トニー　血書って、自分の血で書いた？

室谷　そう、日本語でね。

トニー　サムライなんだ、韓国大統領の父親は。ハッハッハッ。

室谷　朴槿恵はその娘だから、ずっと前から「親日派の娘」と批判されていた。そういうこともあって、大統領になると徹底的な反日姿勢を打ち出したわけですが、私は彼女はそもそも反日なのだと思っています。安倍首相がわざわざ韓国語で話しかけ

第3章　これが韓国だ！　この隣人とどう付き合っていくべきか

たのに、朴槿恵はムスッとした顔でそっぽを向いたこともありましたね。そして、反日姿勢で共通する中国に、露骨にすり寄りました。

トニー　アメリカでも反日プロパガンダで協力している。

室谷　14年7月、韓国を訪れた中国の習近平・国家主席との首脳会談では、日本のいわゆる歴史認識問題や安倍内閣の集団的自衛権の行使容認について、「日本に対する憂慮」で一致した。反日路線で共闘しよう、とね。

中国が韓国の防空識別圏に無断で入り込んで軍事演習をしたとき、韓国政府は中国にまったく抗議しなかった。韓国の政府筋はこのとき、「中国軍の演習は日米を念頭に置いたものだから、何も言わなかった」と説明しました。となると、韓国は日米の同盟国ではないのか、となります。

トニー　その中韓会談は、韓国の親米派や保守派が一斉に批判しました。かつて潘基文を国連事務総長として受け入れ、世界銀行総裁にも韓国系をもってきたアメリカのオバマ政権もさすがに、いい加減にしろという感じになってきた。オバマ大統領は、朴槿恵大統領が一生懸命あれこれいってくるから、最初はマイルドな反応をして「おー気持ち、よくわかりますよ」と応接していた。ところが、だんだん「あのわからんち

んが」と、頭にき始めた。

**室谷** 日本国内でも、どうも韓国は中国の同盟国になってしまったのではないか、アメリカは日本・韓国と安全保障条約を結び、軍事同盟を結んでいるが、もう韓国を外してしまったほうが得策ではないか、という意見まで出てきました。

**トニー** そうでしょう。韓国は北朝鮮を敵視するけど、一方で、あれは兄弟だとか、北朝鮮の核兵器はつまりわれわれ朝鮮人の核兵器であるとか、どうも信用できないことを口にするし。

## 日中の関係改善、アメリカの対韓姿勢変化で、韓国が焦り始めた

**トニー** ただ、風向きが変わってきたでしょう。中国に接近し、中国の力を借りてうまいことやろう、と思った韓国だけど、どうやらアメリカや日本が彼らに対して距離を置き出したことに焦り始めている。

**室谷** おっしゃるとおり。いま、焦って大慌てしていますよ。一つには、安倍政権が韓国を無視して中国と関係改善を図った。2014年11月10日に、北京で開かれた

第3章 これが韓国だ！　この隣人とどう付き合っていくべきか

APEC首脳会議を利用して、安倍首相と習近平主席との日中首脳会談が行われました。明らかに、韓国は何をいっても聞かないから放っておけばいい、後から必ずついてくる、という判断ですね。そして15年4月、今度は中国が韓国を無視して、バンドン会議の折りに日中首脳会談をした。

トニー　アメリカが韓国はいい加減にせよ、というようなことをハッキリ口にし始めた。

シャーマン米国務次官はワシントンで15年2月、日中韓の対立は3か国すべてに責任がある、という意味の演説をしています。すると韓国では「アメリカがケンカ両成敗といった」「アメリカが日本の肩を持ち始めた」と大騒ぎになった。オバマ大統領は14年4月に訪韓したとき「慰安婦の話に耳を傾けるべきだ」なんて発言していたけど、話が違うじゃないか、と。

## 安倍首相の米議会演説も韓国には大打撃

トニー　最初にも話したことですが、安倍さんは15年4月末にアメリカに行き、米上

167

下両院合同会議で演説をしました。日本首相の米議会演説は１９６１年の池田勇人首相以来54年ぶりで、しかも上下両院での演説は初めて、と聞いています。これは韓国にとっては大打撃だったでしょうね。

**室谷** もう大打撃。日本政府がカネと人脈でアメリカに働きかけたため、韓国外交は惨めな失敗を喫した、と悔し紛れの報道が氾濫しています。日本が議会演説にそれほど執心したとは思えないし、韓国が「負けた」「負けた」と大騒ぎするほどの話とも思えなかったのですが、日米関係のグレードアップは大きいですね。

韓国の外交当局者は、外交力の欠如をタナに上げて、「安倍首相が演説するなら、歴代内閣の歴史認識を継承し、歴史問題について心からの省察を見せるべきだ」など と、さんざん圧力をかけて回りました。日本の首相がアメリカで演説する際には「韓国への謝罪の言葉」を必ず入れろとは、まるで属国に対するモノ言いですね。朴槿恵大統領こそ、どこの国で演説するときも「中国への感謝の言葉」でも入れればいい。

**トニー** ２０１５年になって朴槿恵大統領が「今年は日韓国交50周年だから」といったのも無理はない。やっぱり日本にもすり寄っておかなくっちゃ、と思ったんだ。

**室谷** 日本語では「わらをもつかむ気持ち」と言います。朴槿恵外交は、米中の間

第3章　これが韓国だ！　この隣人とどう付き合っていくべきか

を巧みにコウモリ飛行しているように見えた時期もあったのですが、いまや、米中双方からハシゴを外された形で、行き詰まっています。韓国が勝手に「歴史修正主義者」とレッテル貼りしてきた安倍首相が、アメリカから理解を得つつあることで、焦燥感が広がっています。

「修正主義」という言葉には、ピンとこない日本人が多いのです。昔、ソ連でフルシチョフが修正主義者と言われた。日本人は「あの人、社会主義をちょっと右よりに修正して、雪解けを演出したのだね」と、「修正主義」を悪い意味で考えていません。そこで韓国側は「日本人は歴史修正主義者だ」と、日本人みずからに認めさせることで、日本を貶めようとしている。

トニー　英語では「revisionism（修正主義）」や「revisionist（修正主義者）」は、真実を隠して歴史をねじ曲げるということで、非常に悪い意味です。欧米のニュースには「安倍総理は歴史修正主義者」と、安倍さんを極右あつかいする記事が結構、出ていますよ。日本人は、そこはもっと勉強して、危機感を持たなければ。

室谷　そのことを日本人は、ほとんど知らないのです。それで韓国の外交相は調子に乗って「歴史修正主義の安倍政権は……」などと第三国でも演説している。欧米人

が聞いたら「ネオナチズムの安倍政権は……」と同義でしょう。そこまで言いながら、「日本とは政経分離方式で行く。経済・文化交流を進めよう」ともぬかしている。本当に「ふざけるな」ですね。

朴槿恵大統領は「世の中が終わる日が、私の悩みも終わる日だ」などと人前でつぶやいたくらいで、よほど自信を失っているようです。だから、八方塞がりのなか、朴槿恵政権が抱くかすかな希望が「対日すり寄り」なのです。しかし、これはうまくいかないでしょう。

**トニー**　なぜですか？

**室谷**　李明博大統領の竹島不法上陸と天皇に対する謝罪要求の暴言、それに続く朴槿恵大統領の輪をかけたような反日外交で、日本の底流はすっかり変わってしまった。日本の左傾マスコミが隠してきた韓国（人）の本質を、日本人が知ってしまったのです。どの世論調査でも韓国は北朝鮮、中国とともに「大嫌いな国」です。安倍首相が韓国に物わかりよく対応したら、首相官邸前は暴動状態になるでしょう。

**トニー**　対日すり寄りがうまくいかないと、韓国はどうしますか？

**室谷**　次は一転、また「逆ギレ反日」に戻るしかない。世界から、ますます「異様

第3章　これが韓国だ！　この隣人とどう付き合っていくべきか

な国」と見られながら、沈んでいくしかないのではありませんか。中国とともにAIIB（アジアインフラ投資銀行）という〝（取らぬ）狸の皮〟を握り締めながら……。

## シーシェパードが「捕鯨国」韓国を攻撃しない理由

**室谷**　ところで、前からトニーさんに聞いておきたいと思っていたことがあります。オーストラリアは、反捕鯨大国ですね。オーストラリアの反捕鯨グループと、オーストラリア在住の韓国人というのは、どうも結びついていて、アメリカのシーシェパードなんかと連携して、反日プロパガンダをやっているのではないでしょうか。トニーさんは、どう見ますか？

**トニー**　韓国は捕鯨をやっていますね。でも、シーシェパードの連中が韓国船の前に立ちはだかって捕鯨を妨害したという話は聞かない。だから、室谷さんのように考える人がいるんじゃないかと思いますけど。

なぜ、彼らが韓国を問題視しないかというと、シーシェパードの連中が臆病者で卑怯者だからですよ。韓国漁民と中国漁民が乱闘になったり、韓国の海洋警察が取り締

171

まるとき中国漁民が死亡したり、というニュースは彼らも知っている。だから、連中は出ていってやられそうなところには、怖いから近づかないんですよ。逆に、なぜ、連中が日本の捕鯨調査船ばかり狙うかといえば、日本側の対応がせいぜい放水するくらいが関の山で、とてもおとなしく紳士的だから（笑）。

**室谷** なるほど。

**トニー** だから、反捕鯨ということで、韓国がシーシェパードやオーストラリアと結びついている、とは思わないな。オーストラリアに韓国人の知り合いがいますが、そういう話は聞いたことがありません。

**室谷** そうですか。しかし、韓国側は、理由は何でもいいからとにかく日本を貶める運動に熱心で、ウソだけれども、捕鯨もやっていないといっています。ここから結びつくことは、ありうるのではないか。

**トニー** オーストラリアの反捕鯨運動は、ほとんど白人がやっていることでしょう。それと一緒にやりたいなら、韓国人は、自分たちのことを白人と思っているのかもしれない。だから、私から見ればどちらも同じような顔をしているけど、韓国人が日本人を見て「猿みたいだ」って言うんじゃないですか？（笑）

第3章 これが韓国だ！ この隣人とどう付き合っていくべきか

ついでに言うと、韓国人は私のことを白人と思うかもしれないけど、違いますよ。私は「イタリア人」です。白人なんかと一緒にしないでもらいたい。ハッハッハッ。

## 未来志向のアメリカ、過去にこだわる中韓

**室谷** トニーさんと話して、日本とアメリカは過去にいろいろな問題があったが、終わったことは終わったこととして、次に進もうじゃないか、というアメリカ人の考え方がよくわかりました。

**トニー** そう。アメリカ人は、過去にあった悪い出来事は蒸し返さず、いまのよい状況をもっとよくしたい、と考える。だから、アメリカ政府は、いつまでも歴史認識問題に固執する韓国や中国を、イライラしながら見ていると思いますよ。

とくにアメリカは、なにしろ第二次世界大戦の後にいっぱい戦争をしていますからね。朝鮮、ベトナム、湾岸、イラク、アフガン、最近ではIS（イスラム国）……。いっぱい戦争をやりすぎて（笑）、第二次大戦や太平洋戦争は、ものすごく過去の戦争になってしまっている。だから、いまさらという感じが強いのでしょう。

173

室谷　日本人にとっては、「この前の戦争」で「最後の戦争」ですけどね。70年も前の、大昔の戦争だけど（笑）。

## 伝統や文化を破壊するリベラリズムを食い止めろ

室谷　過去にこだわらないアメリカの前向き姿勢は結構なことだと思います。それにしても最近のアメリカを見ていると、「1％が99％を支配している」とか、分裂しつつあるアメリカの問題が深刻になってきているように思います。トニーさんに、最後にうかがいたい。アメリカは、大丈夫なのですか？

トニー　アメリカ？　ノー。ハッハッハッ。

室谷　ハッハッハッ（と、その場のスタッフ全員を含めて大爆笑）。

トニー　いや、残念ながらアメリカという国は、完全に「負のスパイラル」に入っています。ドルだけじゃなく、いろんなものが、どんどん下がってきている。だから、日本は今後、あまりアメリカに頼りすぎることは、やめたほうがいいですよ。軍事的にも経済的にもね。

174

室谷　そうですか。日本人はアメリカが大好きだし、依然として世界でもっとも頼りになる国だと信じているけれども。

トニー　文化も政治もどんどん落ち込んでいるし、自由も狭まっているし、アメリカの将来的な展望は暗い。私は、かなり歳を取ったから、ありがたいと思うけどね。これ以上ひどいところは、見なくて済みそうだから（笑）。

アメリカ型のリベラリズム（自由主義）は、アメリカを見てわかるように、国の根本にある伝統や文化を壊してしまう。このリベラリズムの発祥の地は、ヨーロッパ。それがヨーロッパを完全に壊してしまって、大西洋を渡ってアメリカにきた。アメリカはヨーロッパ文化なんて好きじゃなかったんだけど、受け入れて自分が壊れちゃった。それが、いまは太平洋を渡って、日本を壊し始めている。日本のサムライは、ちゃんとガードしなければ絶対にダメ。ガンバッテ！

室谷　そのアメリカ型リベラリズムは、日本の頭越しに中国に入って、さっさとあちらを壊してほしいですけれどね（笑）。

トニー　日本がアメリカ文化を受け入れるのはいいけれど、アメリカ型リベラリズムの部分はフィルターをかけて除去しなければ。私が日本を訪れるのが好きなのは、日

本がまだアメリカほどリベラリズムで汚されていないからですよ。

私からも室谷さんに最後の質問。日本は、韓国と今後、どう付き合っていくべきだと思いますか？

**室谷** とりあえず、どうしようもありません。何か手を打つ必要もない。無視して放置するしかないだろう、と私は考えています。実は韓国が反日教育をやめ、史実を教えることが一番なのですが、何しろ70年の歴史がある反日教育です。あした反日教育をやめるとしても、韓国人の脳が反日洗脳から解放されるまでには100年はかかるでしょうからね。

**トニー** とりあえず大統領が代わるまでは、どうしようもないでしょうね。次の人が、まともな人になるといいですね。

**室谷** いや、長時間ほんとうにありがとうございました。楽しかった。

**トニー** こちらこそ、ドウモアリガト、ゴザイマシタ。

第3章　これが韓国だ！　この隣人とどう付き合っていくべきか

## 近年の日中韓外交史

### ▶2004年

| | |
|---|---|
| 1月 1日 | 小泉純一郎総理、靖国神社参拝 |
| 1月15日 | 中国の民間団体が尖閣諸島（中国語名＝釣魚島）近海に石碑20個を投げ入れ |
| 1月16日 | 韓国、竹島を図柄にした切手を発行 |
| 3月24日 | 7人の中国人活動家が釣魚島に上陸、出入国管理法違反容疑で逮捕 |
| 5月22日 | 日朝首脳会談が行われ、日本人拉致被害者が帰国。 |
| 8月 7日 | 北京サッカー・アジアカップ決勝戦で反日暴動。日本公使の車両に被害 |
| 10月25日 | 東シナ海ガス田問題に関する初の日中局長級協議。日本側は地下構造のデータ提供を要求するも、中国側は応じず |
| 12月29日 | 韓国で「親日反民族行為者財産の国家帰属に関する特別法」（通称、反日法）が公布 |

### ▶2005年

| | |
|---|---|
| 3月16日 | 島根県議会が、竹島の日条例を可決 |
| 3月28日 | 韓国政府が、竹島への一般観光客の観光を解禁 |
| 4月27日 | 中国の王毅駐日大使が、「首相と外相、官房長官は靖国神社に参拝すべきではない」と自民党の外交調査会での講演で発言 |
| 4月 | 北京や上海で反日デモ。日本大使館や日本料理店などに投石被害 |
| 5月23日 | 訪日中の呉儀副総理が小泉純一郎総理との会談をキャンセルして帰国 |
| 8月13日 | 韓国、独島表記の世界地図を初めて制作 |

### ▶2006年

| | |
|---|---|
| 7月 5日 | 竹島周辺の日本の排他的経済水域および領海内で、韓国船が日本の抗議を無視し海洋調査を敢行 |
| 7月 5日 | 北朝鮮がテポドン2号など7発の弾道ミサイル発射実験 |
| 8月15日 | 小泉純一郎が現職総理としては21年ぶりの終戦記念日の靖国参拝を行った |
| 10月 8日 | 安倍晋三総理が訪中、胡錦濤国家主席、温家宝総理と会談、日中共同プレスを発表 |
| 10月 9日 | 北朝鮮が地下核実験に成功したと発表 |

第3章　これが韓国だ！　この隣人とどう付き合っていくべきか

| 10月　9日 | 安倍総理、盧武鉉大統領による日韓首脳会議が行われるも共同文書の発表に至らず |

### ▶2007年

| 1月31日 | マイク・ホンダら6人の民主党米下院議員が米下院に慰安婦問題に対する日本政府の謝罪要求決議案を提出 |
| 3月16日 | 日本政府（第1次安倍政権）が慰安婦問題に関し、「政府が発見した資料の中には、軍や官憲によるいわゆる強制連行を直接示す記述は見当たらなかった」とする答弁書を出し、閣議決定 |
| 4月11日 | 温家宝総理が訪日、安倍総理と会談、日中共同プレス発表で「戦略的互恵関係」具体化を強調 |
| 5月 | 韓国が国際水路機関総会で日本海の呼称を改称もしくは「東海」と併記するよう提起 |
| 10月　2日 | 平壌で盧武鉉大統領と金正日総書記が南北首脳会談を行った |
| 12月27日 | 福田康夫総理、訪中 |

### ▶2008年

| 2月　5日 | 中国製冷凍餃子中毒事件が発生 |
| 3月15日 | 中国で習近平・李克強がそれぞれ副主席・副総理に就く |
| 5月　6日 | 胡錦濤主席が訪日し、福田総理と会談。「戦略的互恵関係」の包括的推進に関する日中共同声明を採択 |
| 7月　7日 | G8出席のため、胡錦濤主席が訪日 |
| 8月　8日 | 北京オリンピックを機に福田康夫総理が訪中、胡錦濤主席、温家宝総理と会談 |
| 12月13日 | 初の日中韓首脳会議（麻生太郎総理、温家宝首相、李明博大統領）を日本で開催 |
| 12月 | 韓国通貨危機にともない、日韓通貨スワップ協定の引出限度額を200億ドル相当に増額 |

### ▶2009年

| 4月　5日 | 北朝鮮が日本東方の太平洋上に向けて、長距離弾道ミサイルの発射実験を実施 |
| 5月23日 | 盧武鉉前大統領が投身自殺 |
| 6月26日 | 独島領有権守護や海洋資源調査活動を行うため、韓国が177トンの「独島平和号」就航 |
| 9月16日 | 鳩山由紀夫内閣（民主党）誕生 |

## ▸2010年

| | |
|---|---|
| 3月15日 | 韓国外交通商部は、慰安婦については「1965年の対日請求の対象外」とし、日本政府の法的責任を追及し、誠意ある措置を取るよう要求を開始 |
| 5月30日 | 温家宝総理が、韓国訪問後に再来日 |
| 9月 7日 | 尖閣諸島中国漁船衝突事件が発生。中国内陸部を中心に反日デモが発生 |
| 10月23日 | アメリカ初の慰安婦碑が設置。場所はニュージャージー州パリセイズ・パーク市の公立図書館脇 |

## ▸2011年

| | |
|---|---|
| 7月 5日 | 韓国の国会議員が竹島に上陸し（直近3ヶ月間で4人目）、駐屯警備隊を激励 |
| 8月 1日 | 日本の自民党議員らが竹島調査のため韓国に入国しようとしたが、空港で入国拒否された |
| 8月30日 | 韓国の憲法裁判所が、「韓国政府が日本軍慰安婦被害者の賠償請求権に関し具体的解決のために努力していないことは違憲」と判決 |
| 10月19日 | 日韓通貨スワップ協定の限度額を700億ドルへと増額 |
| 12月14日 | ソウルの日本大使館前に13歳の少女慰安婦と称する銅像を韓国の民間団体が設置 |
| 12月17日 | 金正恩が北朝鮮の最高指導者となる |
| 12月31日 | NHK紅白歌合戦に韓国のグループ、東方神起、少女時代、KARAが出場 |

## ▸2012年

| | |
|---|---|
| 6月16日 | ニューヨークのアイゼンハワー公園に「日本軍が性的奴隷にするため、20万人を超える少女らを強制動員した」とする碑文が刻まれた慰安婦碑が韓国人によって設置 |
| 8月10日 | 李明博大統領が韓国の現職大統領としては初めて、竹島に上陸 |
| 8月14日 | 李明博大統領が、天皇に対して土下座謝罪要求 |
| 9月11日 | 日本政府（野田内閣）が尖閣諸島3島を国有化。中国全土で反日デモが発生し、多数の日系企業が被害を受ける |
| 10月23日 | 韓国国会の国防委員会に所属する議員ら15人が竹島に上陸 |
| 12月 | 第2次安倍晋三内閣(自由民主党)が誕生する |

第3章 これが韓国だ！ この隣人とどう付き合っていくべきか

### ▶2013年

| | |
|---|---|
| 2月25日 | 朴槿恵が韓国の大統領に就任 |
| 3月14日 | 習近平が中国の国家主席となる |
| 3月14日 | 参院予算委員会において安倍晋三首相が「河野談話」を踏襲することを表明 |
| 7月10日 | ソウル高裁が新日鉄住金に対して、強制徴用された韓国人へ3500万円の賠償支払いを命じる判決を下した |
| 7月30日 | アメリカ・カリフォルニア州グレンデール市で慰安婦像 |
| 9月 6日 | 韓国が2020年オリンピック開催地の選定日の前日に福島原発の汚染水を理由に8県水産物の輸入を全面禁止 |
| 11月 | 朴槿恵大統領がアメリカ・ロシア・フランス・イギリスなどで首脳会談やインタビューにおいて従軍慰安婦問題に言及し、自国の主張を展開 |
| 12月26日 | 安倍首相が靖国神社を参拝（首相として約7年ぶり） |

### ▶2014年

| | |
|---|---|
| 1月28日 | 日本が中学高校の学習指導要領解説書を改定。竹島を尖閣諸島とともに「固有の領土」と明記し、竹島は韓国に不法占拠されているとの内容を追加 |
| 4月24日 | 韓国国会外交統一委員会が国連など国際機関に「東海」の表記を求める決議案を可決 |
| 6月20日 | 政府が河野談話の作成過程を公表 |
| 8月 5日 | 朝日新聞が慰安婦の強制連行の記事を取り消し |
| 11月10日 | 安倍首相と習近平主席による日中首脳会談が約2年半ぶりに行われる |
| 12月24日 | 第3次安倍内閣が誕生 |

### ▶2015年

| | |
|---|---|
| 2月16日 | 日本政府と韓国政府は「日韓スワップ協定を延長せず、終了する」と発表 |
| 3月12日 | 中国が提唱したアジアインフラ開発銀行への参加を、G7として初めてイギリスが表明 |
| 3月26日 | 韓国がアジアインフラ投資銀行への参加表明 |
| 4月22日 | インドネシアで開かれたバンドン会議に出席した安倍首相と習近平主席が会談 |

【著者略歴】
**室谷克実**（むろたに・かつみ）
1949年、東京都生まれ。評論家。慶應義塾大学法学部を卒業後、時事通信社入社。政治部記者、ソウル特派員、宇都宮支局長、「時事解説」編集長などを歴任。2009年に定年退社し、評論活動に入る。著書に『呆韓論』（産経新聞出版）、『悪韓論』『日韓がタブーにする半島の歴史』（新潮新書）、『ディス・イズ・コリア　韓国船沈没考』（産経新聞出版）など。

**トニー・マラーノ**（Tony Marano）
1949年、アメリカ・コネティカット州生まれ。両親はイタリアからの移民二世。ニューヨーク市立大学卒（専攻は歴史学）。電話会社 AT&T の子会社 New York Telephone Company に30年間勤務し、2006年に退職。現在はテキサス州在住。著書に『テキサス親父の「怒れ！罠にかかった日本人」』（青林堂）、『テキサス親父の熱血講座　日本は世界一だ！宣言』（扶桑社）など。

---

**没落する反日国家の正体**　中韓同盟につける薬なし

2015年6月16日　第1刷発行

| | |
|---|---|
| 著　者 | 室谷克実　トニー・マラーノ |
| 発行者 | 唐津　隆 |
| 発行所 | 株式会社ビジネス社 |

〒162-0805　東京都新宿区矢来町114番地
　　　　　　神楽坂高橋ビル5F
電話　03-5227-1602　FAX　03-5227-1603
URL　http://www.business-sha.co.jp

〈編集協力〉藤木俊一　坂本　衛
〈カバーデザイン〉尾形　忍（Sparrow Design）〈撮影〉城ノ下俊治
〈本文組版〉沖浦康彦　〈本文組版・印刷・製本〉半七印刷工業株式会社
〈編集担当〉岩谷健一　〈営業担当〉山口健志

©Katsumi Murotani, Tony Marano 2015 Printed in Japan
乱丁、落丁本はお取りかえします。
ISBN978-4-8284-1822-3

ビジネス社の本

# 米中韓が仕掛ける「歴史戦」
## 世界史へ貢献した日本を見よ

黄文雄 著

慰安婦、パールハーバー、南京大虐殺、韓国併合、靖国参拝…、日本への歴史攻撃は世界の悪逆卑劣な歴史と比較すれば完全に論破できる。

世界史においても先進国であった日本を浮かび上がらせ、攻撃国を永久に黙らせる!

**本書の内容**
序　章　日本文明は日本人の誇り
第1章　戦後日本人を呪縛する歴史認識
第2章　世界史と比べればよくわかる歴史
第3章　曲解される日本近現代史
第4章　二一世紀の日本の国のかたち
終　章　日本人の歴史貢献を見よ

定価　本体1400円+税
ISBN978-4-8284-1816-2

私が反日を熱烈大歓迎する理由
ありがとう中韓!
捏造史観で日本復活

## ビジネス社の本

### 日本が在日米軍を買収し第七艦隊を吸収・合併する日

宮崎正弘 著

中国は潜水艦の保有数でアメリカを抜き、米空母を攻撃するミサイル艦を配備した。圧力を増す中国と、日本や世界はどう立ち向かえばいいのか？

**戦後70年、自立自尊のための建白書!!**

#### 本書の内容

第1章　戦後最大の危機　中国との戦争がはじまる／第2章　世界サイバー戦争─ハッカー大戦争の戦勝国は中国・ロシア・北朝鮮／第3章　核攻撃の脅威／第4章　中国包囲網の構築／第5章　内部崩壊の画策／第6章　中露分断工作／第7章　日本国家の自立自尊

定価　本体1400円+税
ISBN978-4-8284-1811-7

---

*帯表紙より：*
日本が在日米軍を買収し第七艦隊を吸収・合併する日
宮崎正弘
戦争を仕掛ける中国を解体せよ
自立自尊のための建白書
戦後70年